乳幼児と人間関係

──確かな理解を広げ、深める──

浅井拓久也｜編著｜

萌文書林
houbunshorin

✳ は じ め に ✳

　本書は，保育者養成校の学生や保育士資格試験の受験者を対象とした，領域・人間関係（領域に関する専門的事項）について学ぶ本である。

　本書には，類書にない3つの特長がある。

　まず，領域・人間関係と指導法・人間関係を別々の書籍にすることで，領域と指導法それぞれに必要なことが必要十分に説明されている。これまでの書籍では，領域と指導法を1冊にまとめていたため，どの項目の説明も中途半端になっていた。たとえば，各月齢別の子どもの発達に関する説明は十分ではなかった。しかし本書では，6か月未満から5歳までの子どもの発達について，豊富な事例をもとに発達の姿が読み取りやすい写真やイラストなどとともに掲載してあるので，各月齢別の子どもの発達について十分に学ぶことができる。

　また，領域・人間関係の背景となる現代社会の現況について詳細に説明されている。これまでの書籍では，領域・人間関係のねらいや内容に関する説明はあるものの，それらの背景となる子ども，保護者，保育者をとりまく現代社会の諸事情と領域・人間関係との関係性に関する説明は十分ではなかった。そこで本書では，現代社会の現況が領域・人間関係にどのような影響をおよぼしているのかについて，さまざまなデータを読み取ることで，領域・人間関係の背景について理解を深めることができる。

　最後に，初学者にとって理解しやすい構成になっている。これまでの書籍では，いきなり詳細な説明から始まることが多く，初学者にとっては何がポイントなのか理解しにくかった。しかし本書は，第1章で子どもや保育をとりまく現代社会の現況を説明し，第2章以降で詳細な説明をしていくという構成になっている。これによって，第2章で詳述される人間関係のねらいや内容，第5章の事例分析の背景が理解しやすくなるであろう。また，写真やイラストを多く使用することで，初学者が保育をイメージしたり，本書の内容を理解したりしやすい構成になっている。

　本書を読むことで領域・人間関係を理解することが可能となる。しかし，領域・人間関係を理解するだけでは保育にならない。保育は実践してこそ意味があるからである。そこで，指導法・人間関係を理解する必要がある。本書を読んだ後は，『保育内容指導法〈人間関係〉―確かな実践力を身につける―』（浅井拓久也編著，萌文書林，2023年）を読むとよい。そうすることで，領域・人間関係の理解も深まっていくであろう。本書を読んだ読者のみなさんが，領域・人間関係の理解を深め，よき保育者になり活躍することを祈念する。

2023年8月

著者を代表して　浅井拓久也

Contents

第 1 章　乳幼児の保育を取り巻く環境と制度

第 **2** 章　乳幼児保育の基本

第 [3] 章　領域「人間関係」のねらいと内容

第 **4** 章　乳 幼 児 期 の 発 達

第 [5] 章　他者との関わりから考える「人間関係」

Contents

第 1 章

乳幼児の保育を取り巻く
環境と制度

1 乳幼児期の重要性

{1} 社会情動的スキルを育てる

　国内外のさまざまな研究から，乳幼児期の重要性が明確になってきた。たとえば，幼少期における脳の感受性という観点から見ると，言葉（Language），数的知性（Numbers），対人関係（Peer social skills），自己制御（Emotional control）の機能はおおよそ 4 歳程度までにそれぞれ発達のピークを迎えるといわれている（厚生労働省，2016）。また，乳幼児一人ひとりの発達だけではなく，社会経済的な観点から見ると，成人を対象としたさまざまなプログラムよりも乳幼児教育に投資をするほうが投資効果は高いという研究成果も出されてきた（ヘックマン，2015）。

　子どものさまざまな能力が伸びる乳幼児期では，とくに社会情動的スキルを伸ばすことが重要である。社会情動的スキルは非認知的能力とも呼ばれ，日本の保育では心情，意欲，態度という言葉で表されてきたものである。『保育所保育指針解説』には，社会情動的スキルの育ちの重要性について以下のように示されている[1]。

　　　様々な研究成果の蓄積によって，乳幼児期における自尊心や自己制御，忍耐力といった主に社会情動的側面における育ちが，大人になってからの生活に影響を及ぼすことが明らかとなってきた。これらの知見に基づき，保育所において保育士等や他の子どもたちと関わる経験やそのあり方は，乳幼児期以降も長期にわたって，様々な面で個人ひいては社会全体に大きな影響を与えるものとして，我が国はもとより国際的にもその重要性に対する認識が高まっている。

社会情動的スキルの育ちが重要であるのは，それが乳幼児期以降の個人のライフステージだけではなく，社会全体にまでおよぶ長期的な効果をもたらすことになるからである。それゆえに，日々の保育においては，子どもの興味や関心を考慮せず，何かができることだけを目指して訓導や教導するのではなく，子どもの社会情動的スキルを育むことを意識していく必要がある。

{2} 保育の質を高める

社会情動的スキルの育ちのためには，保育の質が重要である。保育の質が高いほど，子どものさまざまな能力の発達が促されるからである。たとえば，3歳になるまでに質の高い保育を受けた子どもは，そうではない子どもと比較して知的能力と言語発達の向上が見られたという研究成果がある（厚生労働省, 2016）。また，子どもは家庭環境から影響を受ける。すべての子どもの家庭環境が良好ということはなく，家庭環境が好ましくなく，子どもが否定的な影響を受けることもある。しかし，家庭環境が厳しい子どもに対して質の高い保育を提供することによって，子どもの能力の下支え，あるいは引き上げができるということを示す研究成果が多数提出されている。たとえば，保育者との良好な関係が就学後の学業成績や子どもの自己調整能力の発達に好影響をおよぼしているという研究成果もある（国立教育政策研究所, 2014）。

では，保育の質を高めるためにはどうすればよいのだろうか。その方法はさまざまであるが，ここではとくに重視すべき5つの方法を説明していく（厚生労働省, 2016）。

①言葉を通した子どもとの関わりを大事にする

泣いたり，叩いたりすることで自分の感情を伝える方法では，社会生活を送ることは難しい。言葉を使って感情を伝えることを身につける必要がある。そこで，日々の保育のなかで，言葉を通して子どもに対して温かく，応答的に関わるようにすることである。応答的とは，単に言葉のやり取りをするのではなく，保育者と子どもの気持ちが寄り添い合ったやり取りのことである。以下に，言葉を通した子どもとの関わりの好例を示す[2]。

ゆったりとした雰囲気の中で，子どもと保育士等が一対一で絵本を開くと，子どもは犬の絵を指差し「ワンワン」と言葉を発する。保育士等がそれに応えて「ワンワンだね。しっぽをフリフリしているね。」と状況を丁寧に語ると，子どもは保育士等の顔を見上げて「フリフリ」と言う。保育士等はさらに，「フリフリしているね。ワンワン，嬉しいのかな。」と言葉を続ける。

また，こうした絵本を読んだ後散歩に出かけた時，犬に出会うと，子どもが「ワンワン」と指差すことがある。そこで保育士等が「ワンワンだね。絵本のワ

ンワンと一緒かな。」「しっぽ, フリフリしているかな」と実際の体験と絵本をつ
なぐ言葉をかけてみる。保育所に戻ると, 子どもは先の絵本を手に取り, 犬のペー
ジを開き喜々としてまた「ワンワン」と言う。このように絵本と言葉, そして
実際の体験を重ね合わせる保育士等の援助は, 子どもの言葉の獲得を促すととも
に, 子ども自身が言葉を獲得していくことを喜びとする感覚を育んでいく。

②保育所保育指針等や保育の計画に対する理解を深める

　幼稚園教育要領, 保育所保育指針, 幼保連携型認定こども園教育・保育要領（3法
令）およびその解説は, 保育の原理や原則, 保育実践のヒントが示されている。また,
全体的な計画, 年間指導計画, 月間指導計画（月案）のような各種計画は, 保育の全
体像を把握し, 先を見通すために必要なものである。そのため, 3法令や計画を念頭
に置きつつ, 実際の子どもの様子に合わせて柔軟に対応していくことが質の高い保育
につながる。

③子どもの学び方に対する理解を深める

　子どもは小さな大人ではなく, 生まれながらの有能な学習者である。その学習方法
には, その子ならではの個性が反映される。保育者が一方的に指導や訓導するのでは
なく, その子ならではの学び方を理解し, 環境を通してその学びを支えるようにする
のである。

④子ども同士が衝突した際に対応する技術を高める

　子どもは集団生活のなかでさまざまなことを学ぶ。他者と協力したり助け合いをし
たりするだけではなく, 他者と衝突することで社会性や自己調整力を身につけていく。
他者との衝突は好ましくない事態ではない。それは学びの場であり, 学びの場になる
ように援助していく必要がある。

⑤保護者の子育てを支援をする

　『保育所保育指針』の第4章には「子育て支援」という項目がある。現代社会では,
保護者を取り巻く就労環境や家庭環境は多様で複雑になっている。また, 子どもは保
護者から肯定的, 否定的, 両面からさまざまな影響を受ける。そのため, 保育の質を
高めるためには保護者の協力や保護者への支援が欠かせない。

　保育の質を高めるための5つの方法を説明してきた。言うまでもなく, これら以外
の方法も多数ある。どのような方法があるか調査し, 保育者になってから自分の保育
を振り返る視点として身につけておくとよいであろう。

{3} 基本的信頼感の形成

　保育の質を高める前提として，保育者と子どもの間に基本的信頼感がなくてはならない。『保育所保育指針解説』では，「乳児期において，子どもは身近にいる特定の保育士等による愛情豊かで受容的・応答的な関わりを通して，相手との間に愛着関係を形成し，これを拠りどころとして，人に対する基本的信頼感を培っていく」というように，日々の保育での受容的，応答的な関わりを通して保育者との間で愛着形成し，基本的信頼感へつながっていくと示されている[3]。

　ここで重要なことは，日々の保育である。他者への信頼感というのは一朝一夕に構築されるものではない。また，信頼感を構築しやすくする魔法のような方法もない。日々の保育，つまり毎日の子どもとのやり取りの積み重ねが，信頼感につながっていくのである。日頃の保育をていねいに，きめ細かく進めることでしか，子どもとの信頼感を構築する方法はないのである。

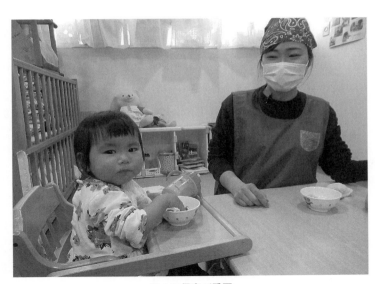

日々の保育が重要

2 | 保育所，幼稚園，認定こども園の役割--------

{1} 保育所，幼稚園，認定こども園の概要

次の図表1は，制度の観点から保育所，幼稚園，認定こども園を比較したものである。

◉図表1　保育所，幼稚園，認定こども園の比較

	保育所	幼稚園	認定こども園
管轄	内閣府こども家庭庁	文部科学省	内閣府こども家庭庁・文部科学省
根拠法令	児童福祉法	学校教育法	就学前の子どもに関する教育，保育等の総合的な提供の推進に関する法律
保育・教育内容	保育所保育指針	幼稚園教育要領	幼保連携型認定こども園教育・保育要領
資格等	保育士	幼稚園教諭免許状（専修，一種，二種）	保育教諭（保育士資格と幼稚園教諭免許状）
職員配置基準	保育士1名あたり0歳児3名，1・2歳児6名，3歳児20名，4歳以上30名	1学級の幼児数は原則35名以下で，1学級に教諭1名	保育教諭1名あたり0歳児3名，1・2歳児6名，3歳児20名，4歳以上30名
1日の保育・教育時間	8時間（保育短時間），11時間（保育標準時間）	4時間	原則4時間（1号認定），原則8時間（2・3号認定）
年間の保育・教育日数	規定なし（実際は約300日）	1年間に39週以上	入所児童による

図表1が示すように，管轄や根拠法令などにおいて，保育所，幼稚園，認定こども園には制度上のさまざまな相違点がある。ここでは，本書のテーマである人間関係の観点から幼保連携型認定こども園（以下，認定こども園）について補足説明する。認定こども園における夏季休業や冬季休業のような長期的な休業期間に対する配慮についてである。認定こども園には，1号認定（教育標準時間認定）と2号認定（保育認定）の区分に分類される子どもが在籍している。それゆえに，保護者の就労環境によって，長期的な休業期間は登園せずに家庭や地域で過ごす子ども（1号認定）と，毎日登園し園で過ごす子ども（2号認定）がいることになる。そのため，保育者は，どちらの子どもにとっても長期的な休業期間が多様な人間関係のあり方を学ぶ機会になるように配慮する必要がある。

具体的にいえば，家庭や地域で過ごす子どもにとって，日々多忙で子どもと関わる時間が少ない親とくつろいだ時間を過ごしたり，園内では出会えない地域社会の人々

と出会ったりすることで，子どもが園とは異なる人間関係を学ぶ機会になることを保護者に伝えておくのがよいであろう。また，長期的な休業期間は限られた子どもだけが登園することになる。そのため，園内で過ごす子どもにとって，少人数での遊びや生活，また異年齢との交流によって日頃とは異なる人間関係を学ぶ機会を提供することも必要になるであろう。さらに，休業後には，休業期間でのそれぞれの経験を語り合う機会を提供したり，すべての子どもが取り組める活動を導入したりすることで，休業期間を園内外で過ごした子ども同士がつながりを取り戻せるようにする工夫も欠かせない。

　認定こども園の長期的な休業期間の特徴は，保育所や幼稚園では見られないものである。だからこそ，保育者は，認定区分にかかわらずすべての子どもにとって長期的な休業期間が多様な人間関係を学ぶ機会になるように配慮する必要がある。

{2} こども家庭庁の概要

①こども家庭庁の創設

　2023（令和5）年度にこども家庭庁が創設される。こども家庭庁の役割は以下のように示されている[4]。

　　　こども政策については，これまで関係府省庁においてそれぞれの所掌に照らして行われてきたが，2.に掲げた基本理念に基づき，こども政策を更に強力に進めていくためには，常にこどもの視点に立ち，こどもの最善の利益を第一に考え，こどもまんなか社会の実現に向けて専一に取り組む独立した行政組織と専任の大臣が司令塔となり，政府が一丸となって取り組む必要がある。当該行政組織は，新規の政策課題に関する検討や制度作りを行うとともに，現在各府省庁の組織や権限が分かれていることによって生じている弊害を解消・是正する組織でなければならない。

　また，「現在各府省庁の組織や権限が分かれていることによって生じている弊害を解消・是正する組織でなければならない」とあり，これは図表1からもわかる。保育所，幼稚園，認定こども園に通う子どもがいるなかで，管轄や根拠法令などはそれぞれ異なっている。そのため，さまざまな不都合が生じている。

　一例として，カリキュラム・マネジメントがある。カリキュラム・マネジメントは『幼稚園教育要領』と『幼保連携型認定こども園教育・保育要領』には規定されているが，『保育所保育指針』にはない。この違いは，保育所ではカリキュラム・マネジメントは不要ということではなく，3法令それぞれの根拠となる法律が異なることから生じている。また，保育所は児童福祉施設であり教育施設ではない。しかし，『保

育所保育指針』では，保育所は幼児教育を行うと規定されている。こうした矛盾とも読み取れる事態も，保育所と幼稚園や認定こどもを規定する各種法律が異なることから生じているのである。

こども家庭庁は，以上の例のようなさまざまな不都合を解消するために創設された。こども家庭庁の設置によって，子どもに関することを一元的にまとめることを目指しているのである。

②こども家庭庁の特徴

こども家庭庁の特徴はさまざまにある。ここでは3つ説明する。

• 保育所と認定こども園を移管

これまで厚生労働省と内閣府の管轄であった保育所と認定こども園は，こども家庭庁に移管される。幼稚園はこれまで通り文部科学省の管轄であるが，こども家庭庁は幼稚園教育の内容について協議に参加し，『幼稚園教育要領』の策定にも関与していくことになる。これによって，保育所，幼稚園，認定こども園が一元化することを目指しているのである。なお，保育所と認定こども園以外にも，子ども政策などに関して他省庁から移管されるものもある。

• 強い司令塔機能

子ども家庭庁は，内閣総理大臣直属の機関であり，内閣府の外局として位置づけられる。また，こども家庭庁長官や子ども政策を担当する内閣府特命担当大臣が置かれる。内閣府特命担当大臣は，教育や福祉などの分野を超えて行政各部の統一を図るため，各省大臣に対し勧告や報告，意見具申の権限を有する。

• 3つの内部部局

内閣総理大臣，子ども政策を担当する内閣府特命担当大臣，こども家庭庁長官のもとに内部部局として，成育部門，支援部門，企画立案・総合調整部門を設置する。

成育部門は，①妊娠・出産の支援，母子保健，成育医療等，②就学前のすべての子どもの育ちの保障，③相談対応や情報提供の充実，すべての子どもの居場所づくり，④子どもの安全に関する事務を担う。

支援部門は，①さまざまな困難を抱える子どもや家庭に対する年齢や制度の壁を克服した切れ目ない包括的支援，②社会的養護の充実および自立支援，③子どもの貧困対策，ひとり親家庭の支援，④障害児支援に関する事務を行う。

企画立案・総合調整部門は，①子どもの視点に立った政策の企画立案・総合調整，②必要な支援を必要な人に届けるための情報発信や広報等，③データ・統計を活用したエビデンスにもとづく政策立案と実践，評価，改善に関する事務を行う。

こども家庭庁によって，子どもに関するさまざまな政策や制度が一元化され，子どもの最善の利益を保障することが目指されている。こども家庭庁については各自でさらに調べてみるとよいだろう。

3 | 3法令の概要

{1} 3法令

　3法令とは，『保育所保育指針』『幼稚園教育要領』『幼保連携型認定こども園教育・保育要領』のことである。『保育所保育指針』は，保育所保育の目標や方法，保育所の運営に関する基本的な事項をまとめたものである。『幼稚園教育要領』は，幼稚園教育の目標や方法，幼稚園の運営に関する基本的な事項をまとめたものである。『幼保連携型認定こども園教育・保育要領』は，認定こども園の保育や教育の目標や方法，認定こども園の運営に関する基本的な事項をまとめたものである。

　3法令はいずれも告示されている。告示とは，3法令に従って保育や教育を行ったり，保育所や幼稚園を運営したりしなくてはならないということである。だからこそ，保育者になるためには3法令に対する理解が欠かせないのである。

　なお，3法令にはそれぞれ『保育所保育指針解説』『幼稚園教育要領解説』『幼保連携型認定こども園教育・保育要領解説』がある。これらは，保育の事例や詳細な説明を用いて3法令を詳しく説明したものである。たとえば，『保育所保育指針』には「子どもが自分の思いを言葉で伝えるとともに，他の子どもの話などを聞くことを通して，次第に話を理解し，言葉による伝え合いができるようになるよう，気持ちや経験等の言語化を行うことを援助するなど，子ども同士の関わりの仲立ちを行うようにすること」とある[5]。これだけでは具体的なイメージを描きにくいが，解説には以下のように具体的な事例を用いて説明がされている[6]。

　　こうした時（物の取り合いになるとき——筆者注）は，「取り合いはだめ」「貸してあげなさい」などと単に行動を制止したり望ましい行動を指示したりして子どもの思いを抑えるのではなく，まずは双方が思いや感情を出し合う様子を見守り，解決が難しいようであれば，保育士等が互いの思いを伝え合う仲立ちをすることが大切である。「どうしたの？」「二人とも困ったね」と子どもたちの思いを察しつつ，それを聞き出しながら，物を取られた子どもに対しては「遊んでいたのを取られて，悲しかったね。まだ使いたかったよね。」と子どもの気持ちに共感し，

「でも，○○ちゃんもこれが欲しいんだって」と相手の思いを伝える。物を取った子どもに対しても「楽しそうだったから，○○ちゃんも欲しくなったんだね」と共感し受け止めた後，「でも今は，△△ちゃんが使ってたんだって。急に取られて，悲しかったんだって。」と相手の思いを伝えたり，「貸してほしい時は『貸して』って言おうね」「急に取ったらびっくりして，悲しくなっちゃうんだよ」と，言葉で思いを伝えたりする大切さを知らせていくことが必要である。

　解説を読むと3法令の内容を理解しやすくなることがわかる。3法令を読む際は，必要に応じて解説を参考にするとよいだろう。

{2} 3法令の変遷

　図表2は3法令の変遷をまとめたものである。

●図表2　3法令の変遷

1947（S22）年	学校教育法【公布・施行】 児童福祉法【公布】		
1948（S23）年	保育要領【刊行】		
1952（S27）年			保育指針【刊行】
1956（S31）年		幼稚園教育要領【刊行】	
1963（S38）年	幼稚園と保育所との関係について【通知】		
1964（S39）年		幼稚園教育要領【第1次改訂・告示】	
1965（S40）年			保育所保育指針【通知】
1989（H1）年		幼稚園教育要領【第2次改訂・告示】	
1990（H2）年			保育所保育指針【第1次改訂・通知】
1998（H10）年		幼稚園教育要領【第3次改訂・告示】	
1999（H11）年			保育所保育指針【第2次改訂・通知】
2001（H13）年	児童福祉法【改正】		
2006（H18）年	教育基本法【改正】 認定こども園法*【施行】		
2007（H19）年	学校教育法【改正】		
2008（H20）年		幼稚園教育要領【第4次改訂・告示】	保育所保育指針【第3次改定・告示】

2012(H24)年	子ども・子育て支援関連3法【成立】		
2014(H26)年	幼保連携型認定こども園教育・保育要領【告示】		
2015(H27)年	子ども・子育て支援法施行規則【改正】		
2017(H29)年	幼保連携型認定こども園教育・保育要領【第1次改訂・告示】	幼稚園教育要領【第5次改訂・告示】	保育所保育指針【第4次改定・告示】

※ S = 昭和，H = 平成。
＊認定こども園法は通称。就学前の子どもに関する教育，保育等の総合的な提供の推進に関する法律。

　図表2を見るとさまざまなことがわかる。ここでは2つに限定して説明する。

　まず，3法令は一定期間で改訂（改定）されていることである。これは，3法令の内容を時代に適したものにしたり，乳幼児に関する研究成果を踏まえたものにしたりするためである。母親が家庭で子どもを育てることが当然視されていた時代と，両親共働きで保育所へ通所することが当然視される時代とでは，保育や保護者の子育て支援のあり方は異なる。また，乳幼児に関する研究は国内外で日々進化している。これらを踏まえて，3法令は一定期間で改訂（改定）されるのである。

　次に，2017（平成29）年に3法令は同時改訂（改定）されていることである。これは，保育所，幼稚園，認定こども園に通所（園）する子どもが多くなり，子どもがどの施設（学校）に通っても同じような保育（教育）を受けることができるように内容を統一的なものにする必要があったからである。そこで，2017年の改訂（改定）では，3法令において3歳以上の教育を幼児教育として共通化することとした。そのため，3法令の3歳以上児の教育については同じ内容が書かれている（子ども，幼児，園児という表現は異なる）。

　ここでは2つに限定して説明したが，それぞれの改訂（改定）時の要点を各自で調べてみてほしい。何が，なぜ変わったのか。それを理解することが，いまの3法令を理解することにもなる。たとえば，読者のみなさんは，5領域を当然視しているであろうが，当初は6領域であった。なぜだろうか。なぜ5領域に変更されたのだろうか。また，変わった箇所だけではなく，変わらない箇所にも目を向けるとよいだろう。時を経ても変わらない箇所こそ，保育の本質であるからである。保育とは，養護と教育を一体的に展開することであるという考えは一貫して不変である。ここに込められた意味を考えてみることは，保育に対する理解を深め，保育の本質を理解することにつながるであろう。

{3} 3法令の内容

図表3は3法令の章立てをまとめたものである。

●図表3　3法令の内容

	保育所保育指針	幼稚園教育要領	幼保連携型認定こども園教育・保育要領
		前文	
第1章	総則	総則	総則
第2章	保育の内容	ねらい及び内容	ねらい及び内容並びに配慮事項
第3章	健康及び安全	教育課程に係る教育時間の終了後等に行う教育活動などの留意事項	健康及び安全
第4章	子育て支援		子育ての支援
第5章	職員の資質向上		

　図表3を見ると3法令それぞれで章立てが異なることがわかる。たとえば，『保育所保育指針』と『幼保連携型認定こども園教育・保育要領』には，第3章として「健康及び安全」という項目があるが，『幼稚園教育要領』にはない。これは，幼稚園では子どもの健康や安全は重視していないということではなく，幼稚園については「学校保健安全法」や「食育基本法」として別途規定されているからである。また，『幼稚園教育要領』だけ前文がある。これは，前文は小学校や中学校の学習指導要領にも含まれており，学校である幼稚園に関する『幼稚園教育要領』にも含める必要があったからである。保育所や認定こども園とは異なり，幼稚園は文部科学省が管轄する学校であり，それゆえに関係する法律などが異なることから，こうした差異が生じているのである。

　このように，3法令の内容を比較することで，3法令をいっそう理解することができる。各自で3法令の内容を比較し，どこが，なぜ同じなのか，違うのかを考えてみるとよいであろう。

4　「幼児期の終わりまでに育ってほしい姿」の概要

{1} 幼児期の終わりまでに育ってほしい姿

　「幼児期の終わりまでに育ってほしい姿」とは，次の10の姿を意味する（以下，10の

姿)⁵⁾。

ア　健康な心と体

　　保育所の生活の中で，充実感をもって自分のやりたいことに向かって心と体を十分に働かせ，見通しをもって行動し，自ら健康で安全な生活をつくり出すようになる。

イ　自立心

　　身近な環境に主体的に関わり様々な活動を楽しむ中で，しなければならないことを自覚し，自分の力で行うために考えたり，工夫したりしながら，諦めずにやり遂げることで達成感を味わい，自信をもって行動するようになる。

ウ　協同性

　　友達と関わる中で，互いの思いや考えなどを共有し，共通の目的の実現に向けて，考えたり，工夫したり，協力したりし，充実感をもってやり遂げるようになる。

エ　道徳性・規範意識の芽生え

　　友達と様々な体験を重ねる中で，してよいことや悪いことが分かり，自分の行動を振り返ったり，友達の気持ちに共感したりし，相手の立場に立って行動するようになる。また，きまりを守る必要性が分かり，自分の気持ちを調整し，友達と折り合いを付けながら，きまりをつくったり，守ったりするようになる。

オ　社会生活との関わり

　　家族を大切にしようとする気持ちをもつとともに，地域の身近な人と触れ合う中で，人との様々な関わり方に気付き，相手の気持ちを考えて関わり，自分が役に立つ喜びを感じ，地域に親しみをもつようになる。また，保育所内外の様々な環境に関わる中で，遊びや生活に必要な情報を取り入れ，情報に基づき判断したり，情報を伝え合ったり，活用したりするなど，情報を役立てながら活動するようになるとともに，公共の施設を大切に利用するなどして，社会とのつながりなどを意識するようになる。

カ　思考力の芽生え

　　身近な事象に積極的に関わる中で，物の性質や仕組みなどを感じ取ったり，気付いたりし，考えたり，予想したり，工夫したりするなど，多様な関わりを楽しむようになる。また，友達の様々な考えに触れる中で，自分と異なる考えがあることに気付き，自ら判断したり，考え直したりするなど，新しい考えを生み出す喜びを味わいながら，自分の考えをよりよいものにするようになる。

キ　自然との関わり・生命尊重

　　自然に触れて感動する体験を通して，自然の変化などを感じ取り，好奇心や探究心をもって考え言葉などで表現しながら，身近な事象への関心が高まるとと

もに，自然への愛情や畏敬の念をもつようになる。また，身近な動植物に心を動かされる中で，生命の不思議さや尊さに気付き，身近な動植物への接し方を考え，命あるものとしていたわり，大切にする気持ちをもって関わるようになる。

ク　数量や図形，標識や文字などへの関心・感覚

　　遊びや生活の中で，数量や図形，標識や文字などに親しむ体験を重ねたり，標識や文字の役割に気付いたりし，自らの必要感に基づきこれらを活用し，興味や関心，感覚をもつようになる。

ケ　言葉による伝え合い

　　保育士等や友達と心を通わせる中で，絵本や物語などに親しみながら，豊かな言葉や表現を身に付け，経験したことや考えたことなどを言葉で伝えたり，相手の話を注意して聞いたりし，言葉による伝え合いを楽しむようになる。

コ　豊かな感性と表現

　　心を動かす出来事などに触れ感性を働かせる中で，様々な素材の特徴や表現の仕方などに気付き，感じたことや考えたことを自分で表現したり，友達同士で表現する過程を楽しんだりし，表現する喜びを味わい，意欲をもつようになる。

　10の姿は5歳の終わりまでに育ってほしい子どもの姿である。だから，保育者の保育の方向性を示しているともいえる。日々の保育を通して10の姿を育むことが保育者には求められるのである。

　また，10の姿は，「知識及び技能の基礎」「思考力，判断力，表現力等の基礎」「学びに向かう力，人間性等」の3つの資質・能力と5領域と関係がある。10の姿は，3つの資質・能力が5歳の終わりの段階で具体化された姿を示している。また，10の姿は5領域を通して育んでいく。別の言い方をすると，10の姿は5歳の終わりの段階で見られることが期待される子どもの姿を5領域から抽出してまとめたものである。5領域の一つであり，本書のテーマである領域・人間関係と関係の深い10の姿は，「自立心」「協同性」「道徳性・規範意識の芽生え」「社会生活との関わり」である。5領域の人間関係のねらい及び内容を踏まえた保育を行うことで，これら4つの姿を育むことにつながっていくのである。

｛2｝幼児期の終わりまでに育ってほしい姿の留意点

　10の姿の留意点として，『保育所保育指針解説』には以下のように示されている[8]。

　　実際の指導では，「幼児期の終わりまでに育ってほしい姿」が到達すべき目標ではないことや，個別に取り出されて指導されるものではないことに十分留意する必要がある。もとより，保育所保育は環境を通して行うものであり，とりわけ

子どもの自発的な活動としての遊びを通して，一人一人の発達の特性に応じて，これらの姿が育っていくものであり，全ての子どもに同じように見られるものではないことに留意する必要がある。

とくに重要なことは，10の姿は到達目標ではないということである。10の姿は5歳の終わりまでに育つことが期待される姿であり，保育者の保育の方向性である。10の姿の到達に向けて子どもを急かしたり強いたりするようなことがないようにしなければならない。

{3} 幼児期の終わりまでに育ってほしい姿の役割

10の姿の役割はさまざまにある。なかでも，10の姿を通して保育所保育や幼稚園教育と小学校教育を接続することが期待されている。「保育所保育指針」には「保育所保育において育まれた資質・能力を踏まえ，小学校教育が円滑に行われるよう，小学校教師との意見交換や合同の研究の機会などを設け，第1章の4の（2）に示す「幼児期の終わりまでに育って欲しい姿」を共有するなど連携を図り，保育所保育と小学校教育との円滑な接続を図るよう努めること」[9]とあり，「小学校学習指導要領」にも「幼児期の終わりまでに育ってほしい姿を踏まえた指導を工夫することにより，幼稚園教育要領等に基づく幼児期の教育を通して育まれた資質・能力を踏まえて教育活動を実施し，児童が主体的に自己を発揮しながら学びに向かうことが可能となるようにすること」と示されている[10]。

では，これらは具体的にどのように実現されているのだろうか。ここでは要録とスタートカリキュラムについて説明する。

まず，10の姿を中心とした要録である。要録には，保育所の保育所児童保育要録，幼稚園の幼稚園幼児指導要録，認定こども園の幼保連携型認定こども園園児指導要録がある。3つの要録はそれぞれ異なる項目もあるが，10の姿の育ちを書くことは共通している。2017年の3法令改訂（改定）に対応して要録には10の姿が明示された（図表4）。要録に10の姿の育ちを書くことで，小学校では子どもに育ちつつある10の姿を把握し，それを伸ばすような指導をすることが可能となる。なお，10の姿の育ちも含めた要録の各項目の書き方については，解説書（浅井, 2021）などを参考にするとよいであろう。

次に，スタートカリキュラムである。現在，小学校ではスタートカリキュラムが実施されている。スタートカリキュラムとは，子どもが保育所等での遊びを通した無自覚な学び方から小学校での授業を通した自覚的な学び方に円滑に移行できるように，入学後しばらくの間は保育所等での学び方に類似した授業を中心としたカリキュラムである。スタートカリキュラムによって，子どもが混乱することなく小学校教育へ円

滑に移行することができるようになる。そのために，幼児期に育んできた10の姿を踏まえ，スタートカリキュラムのなかで，それらをさらに伸ばすような指導を行うようにするのである。

●図表4　保育所児童保育要録（様式の参考例）

保育所児童保育要録（保育に関する記録）

　本資料は、就学に際して保育所と小学校（義務教育学校の前期課程及び特別支援学校の小学部を含む。）が子どもに関する情報を共有し、子どもの育ちを支えるための資料である。

ふりがな 氏名		保育の過程と子どもの育ちに関する事項	最終年度に至るまでの育ちに関する事項
氏名		（最終年度の重点）	
生年月日	年　　月　　日		
性別		（個人の重点）	
ねらい （発達を捉える視点）		（保育の展開と子どもの育ち）	
健康	明るく伸び伸びと行動し、充実感を味わう。		
	自分の体を十分に動かし、進んで運動しようとする。		
	健康、安全な生活に必要な習慣や態度を身に付け、見通しをもって行動する。		
人間関係	保育所の生活を楽しみ、自分の力で行動することの充実感を味わう。		
	身近な人と親しみ、関わりを深め、工夫したり、協力したりして一緒に活動する楽しさを味わい、愛情や信頼感をもつ。		
	社会生活における望ましい習慣や態度を身に付ける。		
環境	身近な環境に親しみ、自然と触れ合う中で様々な事象に興味や関心をもつ。		幼児期の終わりまでに育ってほしい姿 ※各項目の内容等については、別紙に示す「幼児期の終わりまでに育ってほしい姿について」を参照すること。
	身近な環境に自分から関わり、発見を楽しんだり、考えたり、それを生活に取り入れようとする。		健康な心と体
	身近な事象を見たり、考えたり、扱ったりする中で、物の性質や数量、文字などに対する感覚を豊かにする。		自立心
言葉	自分の気持ちを言葉で表現する楽しさを味わう。		協同性
	人の言葉や話などをよく聞き、自分の経験したことや考えたことを話し、伝え合う喜びを味わう。		道徳性・規範意識の芽生え
	日常生活に必要な言葉が分かるようになるとともに、絵本や物語などに親しみ、言葉に対する感覚を豊かにし、保育士等や友達と心を通わせる。		社会生活との関わり 思考力の芽生え
表現	いろいろなものの美しさなどに対する豊かな感性をもつ。		自然との関わり・生命尊重
	感じたことや考えたことを自分なりに表現して楽しむ。	（特に配慮すべき事項）	数量や図形、標識や文字などへの関心・感覚
	生活の中でイメージを豊かにし、様々な表現を楽しむ。		言葉による伝え合い 豊かな感性と表現

　保育所における保育は、養護及び教育を一体的に行うことをその特性とするものであり、保育所における保育全体を通じて、養護に関するねらい及び内容を踏まえた保育が展開されることを念頭に置き、次の各事項を記入すること。
○保育の過程と子どもの育ちに関する事項
＊最終年度の重点：年度当初に、全体的な計画に基づき長期の見通しとして設定したものを記入すること。
＊個人の重点：1年間を振り返って、子どもの指導について特に重視してきた点を記入すること。
＊保育の展開と子どもの育ち：最終年度の1年間の保育における指導の過程と子どもの発達の姿（保育所保育指針第2章「保育の内容」に示された各領域のねらいを視点として、子どもの発達の実情から向上が著しいと思われるもの）を、保育所の生活を通して全体的、総合的に捉えて記入すること。その際、他の子どもとの比較や一定の基準に対する達成度についての評定によって捉えるものではないことに留意すること。あわせて、就学後の指導に必要と考えられる配慮事項等について記入すること。別紙を参照し、「幼児期の終わりまでに育ってほしい姿」を活用して子どもに育まれている資質・能力を捉え、指導の過程と育ちつつある姿をわかりやすく記入するように留意すること。
＊特に配慮すべき事項：子どもの健康の状況等、就学後の指導において配慮が必要なこととして、特記すべき事項がある場合に記入すること。
○最終年度に至るまでの育ちに関する事項
　子どもの入所時から最終年度に至るまでの育ちに関し、最終年度における保育の過程と子どもの育ちの姿を理解する上で、特に重要と考えられることを記入すること。

（厚生労働省（2018）「保育所児童保育要録（保育に関する記録）」.)

5 | 子どもを取り巻く人間関係の現状と課題-----

{1} 少子化の進展と共働き世帯の増加

　子どもを取り巻く環境はこれまでとは大きく変わってきており，こうした環境変化が人間関係に関するさまざまな事項に影響をおよぼしてきている。ここでは，少子化の進展と共働き世帯の増加について説明する。

　まず，少子化の進展である。次の図表は出生数と合計特殊出生率の年次推移を表したものである。

●図表5　出生数および合計特殊出生率の年次推移

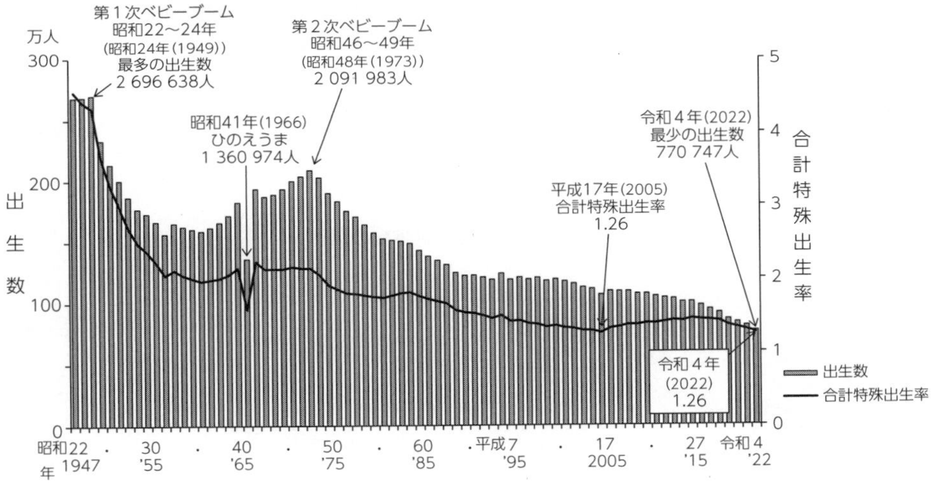

（厚生労働省（2023）「令和4年（2022）人口動態統計月報年計（概数）の概況」, p.4.）

　2022（令和4）年の出生数は，1947（昭和22）年から現在までで，もっとも少ない約77万人となっている。また，合計特殊出生率は1.26となっている。合計特殊出生率とは，一人の女性が生涯に出産する子どもの平均的な人数のことである。人口を維持するための合計特殊出生率は2.07とされていることから，極めて深刻な少子化が進んでいることがわかるであろう。

　こうした少子化が子どもの人間関係におよぼす影響はさまざまにある。少子化が進むことで地域社会のなかに同年齢や年齢の近い子どもがいなくなり，そのため多数で多様な集団のなかで子どもがさまざまな経験をし，社会性や協調性を身につける機会

が減少することになる。また，子どもは大人から世話されるだけではなく，友達や自分より年下の子どもの世話をすることで，自信や他者への思いやりを身につけていく。少子化によってこうした機会が減少していくことになる。

他者の世話を通して多くのことを学ぶ

次に，共働き世帯の増加である。次の図表は共働き世帯数と保育所利用率の推移を表したものである。

●図表6　共働き等世帯数の推移

（備考）1. 昭和55年から平成13年までは総務庁「労働力調査特別調査」（各年2月。ただし，昭和55年から57年は各年3月），平成14年以降は総務省「労働力調査（詳細集計）」より作成。「労働力調査特別調査」と「労働力調査（詳細集計）」とでは，調査方法，調査月等が相違することから，時系列比較には注意を要する。
　　　　2. 「男性雇用者と無業の妻から成る世帯」とは，平成29年までは，夫が非農林業雇用者で，妻が非就業者（非労働力人口及び完全失業者）の世帯。平成30年以降は，就業状態の分類区分の変更に伴い，夫が非農林業雇用者で，妻が非就業者（非労働力人口及び失業者）の世帯。
　　　　3. 「雇用者の共働き世帯」とは，夫婦共に非農林業雇用者（非正規の職員・従業員を含む）の世帯。
　　　　4. 平成22年及び23年の値（白抜き表示）は，岩手県，宮城県及び福島県を除く全国の結果。

（内閣府（2021）「令和3年版男女共同参画白書」，p.110.）

●図表7　保育所等待機児童数および保育所等利用率の推移

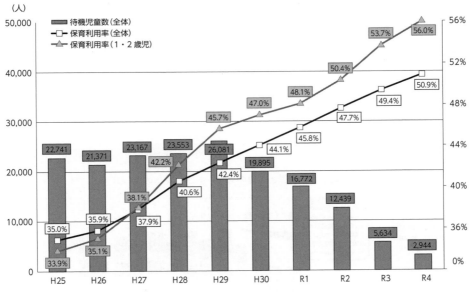

(厚生労働省（2022）「保育所等関連状況取りまとめ（令和4年4月1日）」, p.3.)

　上の図表からわかるように，共働き世帯は増加し，低年齢児（1・2歳児）の保育利用率が高まっている。核家族化が進む社会のなかで共働き世帯が増加し，それに伴って低年齢児の保育利用率が高まることで，子どもが家庭で過ごす時間の減少につながり，家庭内だからこそ経験できることが経験できないことになる。また，共働き世帯の増加は育児の孤立化，単独化（いわゆるワンオペ育児）を招きやすくなるといわれている。そのため，親子でくつろいだ時間や空間をつくることができなくなり，適切な親子関係の構築が難しくなることもあろう。

　少子化の進展や共働き世帯の増加によって，子ども同士や親子の人間関係のあり方や築き方もこれまでと変わってきている。保育者には，こうした外部環境の変化を考慮した保育が求められる。

{2} デジタルネイティブの誕生

　現代社会では，デジタルネイティブ（Digital Native）と呼ばれる世代が誕生している。デジタルネイティブとは，生まれた頃からスマートフォンやタブレットなどのデジタルデバイスのある環境のなかで育ってきた世代のことである。図表8は，乳幼児と母親のスマートフォンへの接し方に関する調査結果である。

　「利用場面」や「用途」を見ると，母親はスマートフォンをさまざまな場面や目的で利用しており，日常生活にはなくてはならないものになっていると推察できる。このように，母親がスマートフォンを日常生活のなかでさまざまに活用していることか

ら，子どもにとってもスマートフォンは身近なものになっているであろう。それゆえに，本調査はスマートフォンに限定したものであるが，子どもがどのようにデジタルデバイスと接するかについて考えていく必要がある。子どもが一人でスマートフォンに夢中になり，他者と遊んだり，さまざまな直接的な体験をしたりする機会を失ってしまうようでは，社会性や協調性を育む上で必ずしも好ましいことではないからである。

　では，子どもの人間関係という観点から見ると，子どもがどのようにデジタルデバイスと接することが望ましいだろうか。五感を通した直接的な体験と，デジタルデバイスによる間接的な体験のバランスをいかにして保障していくかが，これまで以上に

●図表8　乳幼児と母親のスマートフォンへの接し方

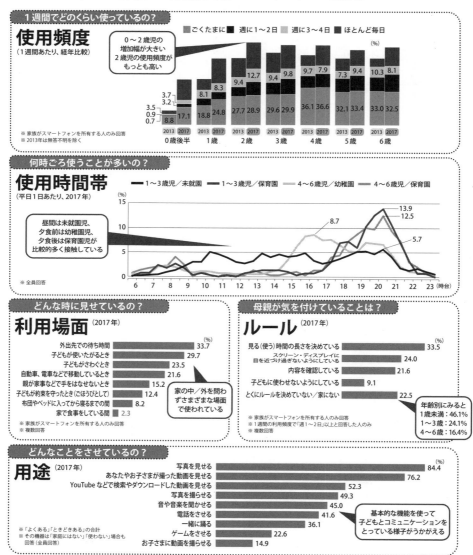

（ベネッセ教育総合研究所（2017）「第2回乳幼児の親子のメディア活用調査」，p.13）

重要になってくる。子どもがスマートフォンで撮影した写真について家族，あるいは園内の友達と話し合う機会を設けてもよいだろう。こうした話し合いはお互いを理解することになり，適切な人間関係の構築につながるであろう。

　デジタルネイティブの登場は，直接的な体験か間接的な体験かという二者択一ではなく，両方の体験を巧みに組み合わせることで，子どもの育ちを保障する必要性を問いかけているのである。

デジタルカメラで気になったものを撮影する様子

　保育者に必要な専門的な知識や技術とは何だろうか。子どもの発達に関する知識や子どもが夢中になれるような遊びを展開する技術はすぐに思いつくであろう。しかし，保育者の専門性にはこうした知識や技術だけではなく，人間性も含まれる。「保育所保育指針」には「保育所職員に求められる専門性」として，「子どもの最善の利益を考慮し，人権に配慮した保育を行うためには，職員一人一人の倫理観，人間性並びに保育所職員としての職務及び責任の理解と自覚が基盤となる」と示されている[11]。保育には保育者の人間性が反映されることから，知識や技術だけではなく，自分の人間性を高めることが重要なのである。

　では，人間性を高めるためにはどうしたらよいのだろうか。その方法はさまざまにあるが，ここでは他者に感謝の気持ちをきちんと伝えることを提案したい。他者に援助や協力をしてもらった際は「ありがとうございます」という謝意を示す言葉を口にすることである。どのような些細なことであっても，感謝の気持ちをきちんと伝えることである。お礼をいわれて不快に思う人はいない。人間性を高めるために特別なことは必要ない。人として当然すべきことを行うことが何より肝心である。

　新人保育者として日々奮闘する伊藤さんと岩崎さんは学生の頃から「ありがとう」がきちんといえる学生であった。知識や技術だけを追い求めるのではなく，人間性の向上を忘れることなく，よい保育者になってほしい。

新人保育者として奮闘する伊藤優奈さんと岩崎里菜さん

● **引用文献**

1）厚生労働省（2018）『保育所保育指針解説』，フレーベル館，pp.3-4.
2）厚生労働省（2018）『保育所保育指針解説』，フレーベル館，pp.108-109.
3）厚生労働省（2018）『保育所保育指針解説』，フレーベル館，pp.101.
4）内閣官房（2021）「こども政策の新たな推進体制に関する基本方針について」，p.5.（https://www.
   cas.go.jp/jp/seisaku/kodomo_seisaku/pdf/kihon_housin.pdf　2023年2月28日閲覧）
5）厚生労働省（2017）『保育所保育指針』，フレーベル館，p.21.
6）厚生労働省（2018）『保育所保育指針解説』，フレーベル館，p.166.
7）厚生労働省（2017）『保育所保育指針』，フレーベル館，pp.11-12.
8）厚生労働省（2018）『保育所保育指針解説』，フレーベル館，p.282.
9）厚生労働省（2017）『保育所保育指針』，フレーベル館，p.31.
10）文部科学省（2018）『小学校学習指導要領』，東洋館出版社，p.21.
11）厚生労働省（2017）『保育所保育指針』，フレーベル館，p.38.

● **参考文献**

・厚生労働省（2016）「社会保障審議会児童部会保育専門委員会（第2回）資料2　保育をめぐる現状」.
・ジェームズ・J・ヘックマン，古草秀子訳（2015）『幼児教育の経済学』，東洋経済新報社.
・国立教育政策研究所（2014）「教育の効果について―社会経済的効果を中心に―」.
・浅井拓久也（2020）『パターンと練習問題でだれでも書けるようになる！　0～5歳児の全体的な計
　画・指導計画・要録』明治図書出版.

第 2 章

乳幼児保育の基本

1 子どもの人権を尊重すること

　保育者には子どもの人権を守ることが求められている。「子どもの人権」と聞くと，とても難しいことのように感じられるだろう。

　人権というと，人身売買，戦争・紛争時の犠牲者，貧困，飢餓，被虐待児，障害児，外国籍の児童などがイメージされがちである。しかし，子どもが自分のことを自分で決めたり，差別されずに生活できたり，自分の気持ちをほかの人に安心して伝えることだったりというように，日常生活に関わることであり，特別なことではない。子どもは権利の主体であり，同時に保護を要する存在である。保育者は，日常的に一人ひとりの子どもの人権が守られるよう，保育実践のなかで日々努力をしているのである。

{1} 子どもの人権とは

　そもそも基本的な人権は，日本国憲法により全国民に保障されているので，子どもの人権の保障は特別なことではない。子どもの人権を守ること，それが当たり前の世の中であってほしいと願う人は多いであろう。子どもの人権は，どこに，どのように明言されているのだろうか。

①児童の権利に関する条約

　保育の場でも，子どもの人権に配慮し，一人ひとりを大切に保育することが求められている。それは，「児童の権利に関する条約」による。

　児童の権利に関する条約は，1989年11月，第44回国連総会において採択された。日

本は1990（平成2）年9月に同条約に署名し，1994（平成6）年4月に批准を行い，同年5月に効力が生じている。条約は全54条あり，「児童」とは，18歳未満のすべての人を指している。そして，児童の権利に関する条約には，「生きる権利」「育つ権利」「守られる権利」「参加する権利」の4つの柱がある[1]。

　2016（平成28）年には，児童福祉法もこの児童の権利に関する条約に言及し，同法第1条が「全て児童は，児童の権利に関する条約の精神にのっとり，適切に養育されること，その生活を保障されること，愛され，保護されること，その心身の健やかな成長及び発達並びにその自立が図られることその他の福祉を等しく保障される権利を有する」[2]とされた。そして，教育の場では，文部科学省の通知で「児童の人権に十分配慮し，一人一人を大切にした教育が行われなければならないことは極めて重要なことであり，本条約の発効を契機として，更に一層，教育の充実が図られていくことが肝要」[3]とされている。

　保育者には，専門職者としての役割があり，子どもの権利を守るのは当たり前のことである。保育者になることを目指して，保育に関して学んでいるみなさんも同じ意識をもちながら学んでいってほしい。

　次に，日々の保育において，保育者はどのような姿勢で保育に臨み，子どもと生活をしているのかについて見ていきたい。

②児童の権利と保育

　『保育所保育指針解説』では，保育所の役割に関して，「入所する子どもの最善の利益を考慮し，その福祉を積極的に増進するということは，保育所保育指針の根幹を成す理念である」[4]と述べられている。

　さらに，「子どもの最善の利益」については，児童の権利に関する条約に定められていることに触れ，「子どもの権利を象徴する言葉として国際社会等でも広く浸透しており，保護者を含む大人の利益が優先されることへの牽制や，子どもの人権を尊重することの重要性を表している」[5]とも述べられている。

　大人の利益が優先されるとはどのようなことだろうか。次の事例で考えてみよう。

事例①　寝つけない子ども，保育者がしたい仕事を優先するのは？

（3歳児，4月）

　3歳児のユミちゃんは，2週間ほど前から，お昼寝のときになかなか寝つけない。また，眠ったとしても，すぐに目が覚めてしまう。
　一方，午睡の時間帯に保育者たちは，連絡帳を書いたり，保育に関する会議や研修などに取り組んだりしている。

今日も午睡の時間帯に会議が予定されているが，ユミちゃんは寝つけず，複数いる保育者の内，会議に出席する予定になっている保育者に側にいてほしいといってなかなか手を離さなかった。

　　保育者はユミちゃんに，「ユミちゃんが早く眠ってくれないと，先生はみんなのためのお仕事ができません。寝てください」と伝えた。それを聞いたユミちゃんは，今にも泣きそうな表情になった。

　　この事例を読んで，どのように感じたであろうか。

　　大人の都合を優先するとは，この事例の保育者の言葉のように，寝つけないユミちゃんの気持ちを考慮して寄り添う対応をすることよりも，自分の仕事を優先してユミちゃんに睡眠を要求するような言葉をかけている点でよくない。保育のなかでは，ユミちゃんが安心して眠れるようにすることが最優先になるのである。

　　『保育所保育指針解説』には，「子どもの人格を尊重するとともに，子どもが権利の主体であるという認識をもって保育に当たらなければならない」[6]ことや，「保育士等は，自らが子どもに大きな影響を与える存在であることを認識し，常に自身の人間性や専門性の向上に努めるとともに，豊かな感性と愛情をもって子どもと関わり，信頼関係を築いていかなければならない」[7]ことが述べられている。

　　『幼稚園教育要領解説』でも，幼児の主体性と教師の意図について，幼稚園教育が目指すのは，「教師主導の一方的な保育の展開ではなく，一人一人の幼児が教師の援助の下で主体性を発揮して活動を展開していくことができるような幼児の立場に立った保育の展開である」[8]と述べられている。

　　保育者に温かなまなざしで見守られる子どもは安心し，ありのままの姿を出していくようになる。ありのままの姿を保育者に受け止められ，寄り添われることで，自分はここにいて，自分のままで大丈夫なんだという意識をもっていくのである。そして，安心して，自分の感情，気持ち，考えなどを表出するようになる。

子どもと保育者の信頼関係が形成されることは，子どもが自分自身のことを認める自分への信頼感や自己肯定感の形成につながる。そして，子どもが安心して園生活を送ることにつながるのである。

保育者は，全体の計画や教育課程などにもとづき，長期・短期の指導計画を立案し，保育を実践する。それはただ保育者が十分に考えた一日であればよいというわけではない。保育者が子どもをよく理解した上で，その願いを取り入れ，子どもと一緒によい一日をつくり，振り返り，園生活を一緒につくっていく姿勢をもつことが必要なのである。日々，子どもと生活を共にする保育者だからこそ，生活のなかで表される子どもの感情や気持ち，思いや考えなどを理解し，子どもの育ちに向けた援助をすることができるのである。

保育は誰のためにあるのかを考えながら，そして，目の前にいる一人ひとりの子どもはかけがえのない存在であること，大事にされ，愛される存在であることを意識して，日々の保育のなかで子どもに向き合い理解して寄り添っていくことが，子どもの権利が尊重される保育実践につながるのではないだろうか。

{2} 子どもの人権を尊重する保育

子どもの人権が尊重されることは，現在の保育所，幼稚園，認定こども園などにおける子どもの日々の生活のなかで実践されている。

保育者と子どもがはじめて出会うとき，子どもは保育者がどのような人なのか，子どもなりに理解しようとする。まだ言葉がわかる段階になっていなくても，保育者の子どもへの接し方，雰囲気や感情表出などを見て理解しようとするのである。

保育者が子ども一人ひとりとていねいに向き合い，言葉として表出されなくても感情や気持ち，考えを察して温かく応答し，子どもが安心して保育所，幼稚園，認定こども園などで生活できるようにしていく。その子らしくいられるように関わること，そのために，保育のなかで子どもにとって一番よい選択をすることを，いつも意識してみるとよいだろう。子どもは，保育者に大切にされることによって，人を大切にすることを覚えていくのである。

こうしたことをふまえて，次の事例について考えてみよう。

事例② ｜ ねえ，お友達を叩いちゃっていいの!? お母さんにいうよ

（2歳児，6月）

2歳のユキちゃんは，ナオトくんと二人でままごとをして遊んでいた。そこに，ケンタくんが来て，二人が使っているままごとの食器を5つほど手元に集め始め，抱え

るようにしてもった。それを見たユキちゃんは、「あ！　ダメ！」といったが、ケンタくんはそのままもっていこうとした。それを見たユキちゃんは、ケンタくんを思わず叩いた。

　その様子を見ていた保育者は、「ユキちゃん、取られて悲しかったね。でも、叩いたらダメって、先生いつもいっているよね、今、何したの？」とユキちゃんに声をかけた。ユキちゃんもケンタくんも、保育者のほうを黙って見ていた。保育者は、「ねえ、ユキちゃん、取られたと思って嫌だったんだと思うけれど、今、ケンタくんのこと、叩いたよね。お友達、叩いちゃっていいの？」と続けた。そのときもユキちゃんは、黙ったまま保育者のほうを見ていた。さらに「ねえ、ユキちゃん、いけないことしたのに、そんなふうにしているなら、夕方、お母さんがお迎えに来たときにいうからね」といった。ユキちゃんは、悲しそうな表情を浮かべていた。ピリピリした空気を感じたのか、ケンタくんもその場で立ち尽くしていた。

　保育者は専門職として必要な知識、技術、倫理観、それらをもとに判断することを身につけ、保育者一人ひとりがもつ保育観や子ども観により、日々の保育が展開されていく。そのなかで、もしかしたら「子どものため」を思って行うことが、子どもの気持ちや考えを大切にするはずが、子どもに悲しみをもたらすような保育になっていくおそれもある。

　この事例では、よくないことをしたら、それを伝えるのが「子どものため」だと判断したのかもしれないが、必要以上に強く言う、責めるように伝えることはよくなかったといえる。ユキちゃんには、言葉にできない思いがあったはずである。保育者はそうした子どもの言動の背景にある気持ちや考えを察して、伝えられるように援助していくのが本来の役目であり、決めつけた対応をしてはいけないのである。

　次の事例はどうであろうか。

事例③ ┊ 年少さんになりますか？

(5歳児，9月)

　運動会が近いある日、5歳児クラスの集会が行われた。その日は子どもたちの気持ちが落ち着かず、地面の砂をいじったり、お友達と話し始めたりする子どもがいた。保育者の一人が、マサトくんが描いた絵をいきなり足で消し、友達と話していたユミちゃんに足先で触り、「お話を聞けないなら、年少さんのクラスに入りますか？」と伝えた。

この事例の保育者の対応は乱暴で，さらに子どもの心を傷つける言葉をかけている。これでは児童虐待につながりかねない。子どもの行動を責めるより，話に集中する必要性を子ども自身が考えられるような援助を心がけるようにしたい。

保育者が専門性を高めることは，子どもの人権を尊重することにつながるのである。

{3} 専門性の向上，保育者自身による自己管理，保育者同士の協働

幼稚園教諭免許状や保育士資格を得た時点での専門的な知識や技術，判断の望ましさ，保育観や子ども観は不変のものではない。子どもを対象とする研究や科学技術の進歩，社会の価値観の変化，そして保育者自身の成長などによって変わっていくものであろう。そのため一度，教員免許や保育士資格を得て保育者として働いてから，常に研修などにより専門性を向上させ，よりよい保育の実践者として育っていく必要がある。

また，保育者も人間であるからストレスをため込むこともあるだろう。保育者が辛そうにしている状態を子どもたちはどう見るであろうか。ストレスが子どもたちの前で爆発したらどうなるであろうか。保育者自身が心身ともに良好な状態を保つことは，子どもの人権を尊重することにつながるのである。どんなに忙しくても，自己管理を大切にしてほしい。

そして，保育者には，常に他者との協働が求められている。子どもが安心して自己発揮できる園生活をするためには，保育者同士の協力は不可欠である。普段から，保育者同士で保育のことを話せるような雰囲気のもと，保育のなかで困ったことや対応が難しいと感じたことを相談し，子ども全員を保育者全員で大切にする園のあり方を模索することも必要である。

保育者一人ひとりが，お互いを大切にする感覚も大事にするようにしよう。

2 │ 環境を通して行う乳幼児保育 ------------------

{1} 環境を通して行う保育とは

「幼稚園教育要領」や「保育所保育指針」などに，保育は「環境を通して行う」と記されている。この環境を通して行う教育，保育とは，どのような意味をもつのであろうか。

保育環境とは，「人的環境」「物的環境」「自然・社会環境」など，子どもを取り巻

くすべての事物のことである。保育所保育指針には，

> 保育の環境には，保育士等や子どもなどの人的環境，施設や遊具などの物的環境，更には自然や社会の事象などがある。保育所は，こうした人，物，場などの環境が相互に関連し合い，子どもの生活が豊かなものとなるよう，次の事項に留意しつつ，計画的に環境を構成し，工夫して保育しなければならない[9]

と示されている。

幼稚園教育要領の第1章総則第1幼稚園教育の基本の冒頭には，

> 幼児期の教育は，生涯にわたる人格形成の基礎を培う重要なものであり，幼稚園教育は，学校教育法に規定する目的及び目標を達成するため，幼児期の特性を踏まえ，環境を通して行うものであることを基本とする[10]

とある。

また，『幼稚園教育要領解説』には，

> 環境を通して行う教育は，幼児との生活を大切にした教育である。幼児が，教師と共に生活する中で，ものや人などの様々な環境と出会い，それらとのふさわしい関わり方を身に付けていくこと，すなわち，教師の支えを得ながら文化を獲得し，自己の可能性を開いていくことを大切にした教育なのである[11]

と記されている。

ここでいう環境とは，子どもを取り巻くすべてを指しているが，そのなかでも人的環境にあたる保育者の役割は大きい。保育室にどのような遊びコーナーをつくり，どのような遊具や絵本を用意するか，日々の生活や遊びの計画の立案などを行うのは保育者であるからだ。

そこで，保育者は生活や遊びを通して子どもに身につけてほしいこと，経験してほしいことが実現できるよう環境を構成しなければならない。このときに大切なことは「子どもの主体性」が育まれる保育環境が計画的につくられているか，常に考えることである。

「子どもの主体性」を育むための保育環境を構成するために，高山は，「環境構成は保育の展開過程の一つに位置付けられ，保育の展開過程は，保育者が①対象を把握し②ねらいを設定し　③狙いに沿った遊びや生活等，子どもの活動を想定し　④個々の子どもの経験を助ける環境を構成し　⑤必要な直接的な援助を行い　⑥子どもの様子や状況を見ながら随時環境の再構成をおこなっている」[12]と述べている。

一人ひとりの子どもの心身の発達・情緒や健康状態・個性・思いや願いを把握し，クラスなどの集団の状況・様子を考え，幼稚園教育要領・保育所保育指針などや園の指導計画などをもとに「保育のねらい」を考える。保育者は「保育のねらい」が達成できる環境を構成し，子どもの主体性を育むための適切な関わりを行うことを大切にしなくてはならない。

{2} 乳児クラスの環境

①育児担当制保育について

　次に，乳児クラス（0歳児クラス）の環境について考えていこう。

　乳児にとって人的環境は重要である。毎日接する保育者との関わりが乳児の発達にとって大きな影響をおよぼす。そこで，乳児クラスの保育方法の一つとして「育児担当制」について説明する。

　『保育所保育指針解説』の第1章総則【3歳未満児の指導計画】に「緩やかな担当制の中で，特定の保育士等が子どもとゆったりとした関わりを持ち，情緒的な絆を深められるよう指導計画を作成する」[13]と記され，2017（平成29）年の「保育所保育指針」の改定により「緩やかな育児担当制」の大切さが提示された。

　改定前の保育所保育指針にも「特定の大人」という記述があったが，改定後には，3歳未満児，とくに乳児保育は「乳児期の発達については，視覚，聴覚などの感覚や，座る，はう，歩くなどの運動機能が著しく発達し，特定の大人との応答的な関わりを通じて，情緒的な絆が形成されるといった特徴がある（下線部は筆者）」[14]と示され，『保育所保育指針解説』では「緩やかな担当制」という表現を用いて特定の保育者が子どもに関わることが推奨されている。

　この「育児担当制」とは，食事・排泄・着脱などの生活場面で，特定の保育者が，特定の子どもを計画的・継続的に援助する保育の方法である。いつも決まった大人が一人ひとりの子どものリズムに合わせ関わることで，子どもは安心して愛着関係が形成されるという利点がある。たとえば，新入園児が朝登園してきたとき，受け入れや授乳・おむつ交換などの生活場面を同じ保育者が関わることで，子どもは安心し，その結果，園生活に早く慣れることができる。

　乳児期の子どもにとって，安心感や信頼関係は，人格を形成する上でなくてはならないものである。毎日同じ保育者が関わることにより，子どもは安心して生活を送ることができ，心身ともに健やかに育つのである。

　園によっては方針や人手の関係で取り組めないこともあるようだが，少しずつではあるが育児担当制を取り入れている園は増えている。担当制保育を行っていない園でも，子どもが手をのばせばすぐに手に取れる遊具（おもちゃ）を用意したり，遊びコーナーを設定したりするよう検討してほしい。

次に各年齢の室内環境について考えていこう。

② 0歳児クラスの室内環境

　乳児期は月齢によって発達に大きな差があるため，子どもの発達に応じたさまざまな遊びの環境を設定しなければならない。遊んでいる子どもと食事・授乳をしている子ども，両者の活動がスムーズに行えるよう動線や食事場所を考慮し，室内環境や時間を考えて設定する必要がある。遊び，生活両方の場面で，子ども一人ひとりの意欲を引き出し，満足できるよう保育者の配慮が大切である。

　0歳児の遊びコーナーは，同じ遊びでも「高月齢児向け」「低月齢児向け」に分けるなどの工夫を行うことが望まれる。たとえば，まだ寝返りができず仰向け寝の子ども，ハイハイの子ども，伝い歩きや歩行ができるようになった子どもとでは，運動遊び（粗大運動）の内容が異なる。

　運動遊びだけではなく，手指を使う遊び（微細運動），ごっこ遊び，絵本など子どもの発達に合ったものを用意し，それぞれの子どもが満足できる環境を設定することが望ましい。ここで大切なことは，子どもの遊びを保障する環境構成ができているかを常に考えることである。

　遊びの主体は子どもであり，子どもが自ら遊びを選べる環境をつくることが保育者の役割である。そこで重要になるのが，乳児保育の「3つの視点」である。保育所保育指針等にあげられている

・健やかに伸び伸びと育つ
・身近な人と気持ちが通じ合う
・身近なものと関わり感性が育つ

がすべて該当しているか，自分たちが行う保育を見直していく必要がある。

{3} 1・2歳児クラスの室内環境

　1歳以上の子どもたちにとっても運動遊び（粗大運動），手指を使う遊び（微細運動），構成遊び，ごっこ遊び，絵本など子どもの発達に合った環境を整える必要がある。月齢によって発達や興味・関心に大きな差があるため，それぞれの子どもの発達過程に合わせてさまざまな環境を整える，子ども一人ひとりが満足できる環境を検討

していくようにするのである。

　その際は，子どもが落ち着いて遊べるよう遊びのコーナーを複数つくり，子どもが自分自身で遊びを選べることが望ましい。動的な遊びと静的な遊び双方が同時に行えるよう遊びコーナーをどのように設定すればよいか工夫することが欠かせない。

　1・2歳児は，自分の身のまわりのことに関心をもち，自分でやろうとする気持ちが強くなり，実際にできることが増えてくる時期でもある。そうした子どもの意欲を受け止め，子どもが遊びやすい環境をつくっていくことが大事である。

｛4｝ 3・4・5歳児クラスの室内環境

　地域差もあるが，現在でも机と椅子だけが並び，玩具がまったくない保育室の園がある。そうした園では，小学校のような一斉活動が主の保育が行われているため，子どもたちが自由に遊べる玩具は必要ないと考えているのであろう。登園から「朝の会」が始まる前までを「自由遊び」とし，その時間だけ用意された玩具で遊び，「朝の会」以降は「主活動」の時間になる。絵画製作，体操，リトミック，集団遊びなど，全員が一斉に行う決まった活動以外はしてはいけないことも多い。これでは，幼稚園教育要領や保育所保育指針などで示されている「環境を通して行う保育」「遊びの中での学び」とは程遠いといわざる得ない。

　北野は，環境を通して行う保育にあたって，保育者の役割は，

① 事前に遊べる環境をつくること，物的環境構成（静的な役割）
② 子どもが遊んでいる最中に場に応じて臨機応変に行う判断や指導（動的な役割）
　　すること[15]

と述べている。

　子どもの遊びは主体性が大切にされたものでなければならない。保育室には遊び空間としてのコーナーを設定するとよいだろう。この点について，吉本は，部屋の遊びの空間を大きく捉えて「台所の環境」「世話をする環境」「構成（構造）の環境」を基本的な空間として考えている[16]。この3つの遊びの空間は，すべての子どもが生まれてから幼稚園・保育所などに来るまでの間に体験していることを，すぐに再現できると考えている。吉本は，子どもの遊びは模倣する，再現するということが起点となっていると述べている。

　各園によりいろいろな考えがあるが，子どもが自ら環境に関わり，自発的に活動し，さまざまな経験を積んで

いけるよう計画的に環境を構成し，工夫して保育することが望まれる。

｛5｝ 異年齢保育（たてわり保育）

　3〜5歳児クラスでは，異年齢保育（たてわり保育）を行っている園がある。呼び方は，このほかにも混合保育，異年齢グループ保育など，さまざまであり，その方法も園により異なる。

　子どもの主体性，自主的な遊びを考えたとき，各年齢の子どもたちそれぞれが遊ぶ環境をつくりやすいという利点がある。異年齢児との関わりを積極的にできる環境を設定することで，年齢に合った刺激・影響を与えることができる。

　たとえば，3歳児は年長児に刺激を受けて憧れ，「自分もやってみよう」と挑戦する気持ちをもつ。年長児もまた，自分より年下の子どもに対してやさしく接して，「年長」としての自覚をもつようになる。同年齢・異年齢の子どもとの関わりのなかで多くのことを学びながら育つことができる。同じ年齢の子どもでも個人差があり，遊び方はさまざまである。異年齢保育では，いろいろな発達段階の子どもがいるため，発達が少し遅れている子どもにとっても違和感なく遊びを見つけることができる。

　異年齢保育を行っていても，年齢別の子どもが集まり活動を行っている園が多い。異年齢保育と組み合わせながら，年齢相応の活動を行うことで，子どもの成長を促しているといえる。

3 乳幼児期にふさわしい生活の展開----------

　乳幼児期の子どもたちは，家庭ならびに保育所などで生活をしている。日々，どのように過ごすことが子どもにとって望ましいか，また，子どもたちにとってふさわしい生活の場とは何かについて考えたい。

{1} 子どもの最善の利益とは

　子どもの最善の利益については，「児童の権利に関する条約」の第3条の1に，

　　　児童に関するすべての措置をとるに当たっては，公的若しくは私的な社会福祉施設，裁判所，行政当局又は立法機関のいずれによって行われるものであっても，児童の最善の利益が主として考慮されるものとする[17]

と規定されている。また「児童福祉法」の第2条には，

　　　全て国民は，児童が良好な環境において生まれ，かつ，社会のあらゆる分野において，児童の年齢及び発達の程度に応じて，その意見が尊重され，その最善の利益が優先して考慮され，心身ともに健やかに育成されるよう努めなければならない[18]

と規定されている。そして「保育所保育指針」の第1章総則には，

　　ア　保育所は，…（略）…入所する子どもの最善の利益を考慮し，その福祉を積極的に増進することに最もふさわしい生活の場でなければならない。
　　イ　保育所は，その目的を達成するために，保育に関する専門性を有する職員が，家庭との緊密な連携の下に，子どもの状況や発達過程を踏まえ，保育所における環境を通して，養護及び教育を一体的に行うことを特性としている[19]

とされている。さらに同指針には，

　（1）養護の理念
　　　保育における養護とは，子どもの生命の保持及び情緒の安定を図るために保育

士等が行う援助や関わりであり，保育所における保育は，養護及び教育を一体的に行うことをその特性とするものである。保育所における保育全体を通じて，養護に関するねらい及び内容を踏まえた保育が展開されなければならない[20]

と示されている。

　保育者は，乳幼児期の子どもたちが園で安心して過ごせる生活の場になるよう保育の環境を整え，一人ひとりの子どもの心身の状態に応じた対応が求められている。

　どんなに幼くても園での生活や遊びの主体は子ども自身である。保育者が子どもの安心に欠かせない「特別な人」「信頼できる存在」になることは，不安を抱く子どもにとっての「心の安全基地」となり情緒の安定が図られる。

　保育者は，人的環境として自らを意図的にコントロールして子どもと接している。子どもたちがリラックスできるように，また子どもたちを常に見守っていることを伝えながら，応答的な関わりを行う必要がある。

　環境は，子どもの自発的な活動を引き出し経験を豊かにする。その経験の質が子どもの発達に影響を与えるといっても過言ではない。保育者は，子ども一人ひとりの発達を捉え，適切な環境を設定することが求められる。そのなかで一人ひとりの子どもが保育者に受け止められながら，安心感をもって過ごし，自分の気持ちを安心して表出させられることが情緒の安定につながる。

{2} デイリープログラム

①デイリープログラムとは

　保育所などでは，国の定めた保育所保育指針をもとに全体的な計画を編成し，これにもとづき年間指導計画・月間指導計画（月案）・週間指導計画（週案）などを作成し

●図表1　デイリープログラムの例（保育所）

	0歳児クラス		1・2歳児クラス		3・4・5歳児クラス
7:30	開門 朝保育 順次登園　健康観察・検温 室内遊び　おむつ交換		開門 朝保育 順次登園　健康観察・検温　室内遊び	7:30	開門 朝保育　合同保育 順次登園　健康観察・検温　室内遊び
			通常保育開始	8:30	通常保育開始 持ち物整理 自由遊び
9:15	離乳食	おやつ	おやつ		
10:00	ミルク	室内遊び	オムツ交換		
	午前睡	戸外遊び	室内遊び	9:15	サークルタイム 排泄
	離乳食	沐浴	戸外遊び		
	ミルク	離乳食		9:40	年齢に応じた保育の活動（散歩・園庭遊び・室内遊び）
11:00	おむつ交換	給食　絵本	着替え・排泄		
	遊び	おむつ交換	給食　絵本		
	外気浴	午睡	おむつ交換		着替え・排泄
12:00	沐浴		午睡	12:00	給食　絵本
	離乳食				午睡
	ミルク	順次目覚め			
14:00	おむつ交換	検温	順次目覚め		
	午後睡	おむつ交換	検温		
			おむつ交換		
14:50	目覚め検温	室内遊び		14:45	目覚め（検温）
15:00	おむつ交換	おやつ	おやつ　絵本		排泄
	水分補給	絵本		15:15	おやつ
		おむつ交換	おむつ交換		室内遊び
	順次降園	室内遊び	室内遊び		戸外遊び
		戸外遊び	戸外遊び		水分補給
16:30		水分補給	水分補給		順次降園
		順次降園	順次降園		
17:15	夕保育（0・1・2歳児合同保育）			17:15	夕保育（3・4・5歳児合同保育）
18:30	延長保育　捕食 室内遊び			18:30	延長保育　捕食 室内遊び
19:30	最終児降園			19:30	最終児降園

ている。またほとんどの園で指導案以外に「デイリープログラム」「日課」を作成している。

　デイリープログラム（日課表）とは，一日の生活時間の流れに沿っておもな活動を示したものである。保育所などで登園から降園までの長い時間を過ごす子どもたちが，日々安定した生活を送れるようにするための時間の指標・目安といえる。図表1デイリープログラムの例を示す（p.45参照）。

　デイリープログラムは，園に一つだけあるのではなく，各クラス（各年齢）ごとにそれぞれ作成している。綿密な計画表ではなく，食事やおやつ，午睡，活動など「園での基本的な生活の目安になるおおまかな計画」と捉えられている。

　保育所などには，0歳クラスから5歳児クラスのように生活リズムの異なる乳幼児が在籍している。たとえば食事については，授乳から離乳食段階の0歳児クラスと，就学を控えた5歳児クラスとでは，給食を食べる時間はまったく異なっている。

　デイリープログラムは，各クラスの子どもたちの生活リズムに合わせ，安定した一日を過ごせるよう食事や午睡，活動を行う基本的な時間などが記されている。時間に沿って遊び・食事・睡眠・おやつなど，一日の生活をおもな内容ごとに示したものであり，子ども一人ひとりが園で心地よく安定して過ごせるよう，一日の生活の流れが計画されている。

　デイリープログラムは，子どもの生活を主体とした計画ではあるが，子どもの健康状態や日々の状況に合わせて柔軟に展開していく必要がある。ときには，デイリープログラムにしばられず，臨機応変な対応を求められることがある。デイリープログラムに沿って保育を行うことが基本であるが，その日の子どもの体調や状況に応じて個別対応が求められる場合がある。とくに0歳児・1歳児は，個人差があるため，一人ひとりの生活リズムに合わせた保育を行う必要がある。

　一日の指導計画（日案）は，デイリープログラムをもとに立案するが，園によっては週案とデイリープログラムをもとに保育を実践していることもある。

　②デイリープログラムの作成
　デイリープログラム作成の目的は以下の2点である。

・複数の保育者が保育を行っても，一貫性をもった保育を行うことができる：長時間保育を行う保育所などでは，日々複数の保育者が保育を行っている。たとえば，朝の時間帯，遅番・延長番の担任保育者が出勤するまで，または休暇の補填のために主任やフリー保育者などが入るケースがある。各クラスのデイリープログラムを園のすべての保育者が理解することにより，日々の保育の流れを把握でき，一貫性をもった保育を行う目安になる。
・毎日同じ時間に給食を食べ，午睡をするなど，子どもの生活リズムをつくる：デイ

リープログラムに沿って子どもたちが生活することで，健康的な生活リズムをつくり，心身ともに健康な生活を送ることができるようになるという利点がある。子どもにとって安定した生活を送れるということである。

　入園前の0歳児・1歳児の子どもたちは，家庭でさまざまな生活を送っている。近年，大人の生活時間に合わせた夜型の生活を送っている子どもが増えてきている。入園後，デイリープログラムに沿った生活をすることで，徐々に園の生活リズムに慣れていく。

　デイリープログラムは，どの園でも作成しているが，園の特色や保育方法によって生活時間や内容が異なる。一例としてA保育所とB保育所の1歳児クラスのデイリープログラムの比較してみる。

●図表2　1歳児クラスのデイリープログラムの比較

A保育所（一斉保育が主）		B保育所（担当制保育を行っている）	
時間	生活	時間	生活
7：00	朝保育（0〜2歳児合同保育）	7：30	朝保育（1歳児保育室で1歳児のみ）
	順次登園（健康観察・連絡事項）		順次登園（健康観察・連絡事項）
	自由遊び		自由遊び
	おむつ交換・排泄等		おむつ交換・排泄等
8：30	1歳児保育室へ移動	9：30	おやつ
9：10	おやつ	10：00	戸外遊び（園庭・散歩）
9：30	朝の会		室内遊び
9：50	戸外遊び（園庭・散歩）		着替え　おむつ交換・排泄等
	室内遊び	11：30	食事（3グループごと順に食べる）
	（月1回造形教室，月2回英語）		
	着替え　おむつ交換・排泄等		
11：20	食事	12：10	午睡
12：00	午睡		

　両保育所を比較すると多くのことが異なっていることがわかる。まず，両園の開園時間は異なり，A保育所は7：00〜19：00，B保育所は7：30〜20：00である。A保育所は，開園後7：00〜8：30までの時間帯は，0〜2歳児クラスの子どもたちは合同保育を行い，8：30から各クラスに分かれている。B保育所は，開園時間の7：30からクラス別保育を行っている。その他，おやつや昼食の時間なども異なっている。

　A保育所は，一斉保育を中心に行っており，1歳児クラスの保育も常に全員が同じ活動をしている。B保育所は，育児担当制保育を行っており，おやつや食事の介助，排泄・着替えなどは保育者がそれぞれ担当の子どもと関わっている。

デイリープログラムは，それぞれの園の特性や地域性に合わせてつくられている。さらに各園の保育形態の違いでデイリープログラムの内容は異なっている。たとえば，0〜2歳児の保育で育児担当制を行っている園と，一斉保育をおもに行っている園では，デイリープログラムの内容はまったく異なっている場合もある。このように園の実態に合わせてデイリープログラムはつくられている。

0〜2歳児クラスの子どもたちの1年間の成長・発達は著しい。0歳児，1歳児のデイリープログラムは年度末までずっと同じものを使用せず，子どもたちの成長・発達により変更している園が多い。さらに0歳児，1歳児には個人差があるため，一人ひとりの生活リズムに合わせた保育を行う必要がある。とくに0歳児クラスでは，子ども一人ひとりに合わせたデイリープログラムを作成している園もある。

各園は，日々デイリープログラムに沿って保育を行っているが，その日の子どもの体調や状況に応じて個別に対応している。

なお，デイリープログラムの多くは活動の項目のみを記入しているが，以下のように保育者の動きを記入しているものもある。

●図表3　デイリープログラムの例（保育士の動き）

時　　間	デイリープログラム	保育士の動き
7：30	順次登園（朝保育） 自由遊び（3〜5歳児合同保育）	環境設定，挨拶，園児の受け入れ，健康観察，保護者から連絡事項を受け連絡表に記入，遊びの見守り

４ 遊びを通しての総合的な乳幼児保育 ---------

{1} 遊びとは

そもそも遊びとは何だろうか。遊びの定義は論者によってさまざまである。ここでは，ホイジンガとフレーベルによる遊びの定義を示す。

・**ホイジンガ**：遊戯とはあるはっきり定められた時間，空間の範囲内で行なわれる自発的な行為，もしくは活動である。それは自発的に受け入れた規則に従っている。その規則は一旦受け入れられた以上は絶対的拘束力を持っている。遊戯の目的は行為そのものの中にある。それは緊張と歓びの感情を伴い，またこれは日常生活とは別のものだという意識に裏づけられている[21]。

・**フレーベル**：遊戯とは，すでに言葉自身も示していることだが，内なるものの自由

な表現，すなわち内なるものそのものの必要と要求に基づくところの，内なるものの表現に他ならない[22]。

　上の定義の共通点は，遊びは自発的な行為であるということである。誰かに強制や命令されて行うのではなく，子ども自身がやりたいと思って行うことが重要であることを示している。もちろん，これら以外の遊びの定義もあるが，遊びは子どもが自分からやりたいと思ってやっていることが重要であることは，おおよそどの定義にも共通している。

{2} 遊びの種類

　遊びは，子どもの社会性の発達にともなって精緻化，複雑化していく。パーテンは遊びを次の6つに分類している[23]。

① 何もしない行動：遊びの前段階であり，何もしていないこと。
② 一人遊び：他児と関わらないで，一人で遊んでいること。
③ 傍観者遊び：他児の傍でその遊びを見ていること。
④ 平行遊び：互いに交流はないものの，他児の傍で同じような遊びをしていること。
⑤ 連合遊び：役割分担や共通の目的はないものの，他児と一緒に遊びをすること。
⑥ 協同遊び：役割分担や共通の目的をもって，他児と一緒に組織的な遊びをすること。

　2歳，3歳の頃は一人遊び，傍観者遊び，平行遊びが多く見られる。4歳，5歳になると，連合遊びや協同遊びが増え始めてくる。
　なお，①から⑥は遊びを分類したものであり，4歳児や5歳児が一人遊びや傍観者遊びをしないということではない。

{3} 遊びの意義

　保育所保育や幼稚園教育の目標は，遊びを通して子どもの資質・能力を育むことである。『保育所保育指針解説』には次のように示されている[24]。

　　子どもが，自分の存在を受け止めてもらえる保育士等や友達との安定した関係の中で，自ら環境に関わり，興味や関心を広げ，様々な活動や遊びにおいて心を動かされる豊かな体験を重ねることを通して，資質・能力は育まれていく。

引用中にある資質・能力とは，以下の3つである[25]。

（ア）豊かな体験を通じて，感じたり，気付いたり，分かったり，できるようになったりする「知識及び技能の基礎」
（イ）気付いたことや，できるようになったことなどを使い，考えたり，試したり，工夫したり，表現したりする「思考力，判断力，表現力等の基礎」
（ウ）心情，意欲，態度が育つ中で，よりよい生活を営もうとする「学びに向かう力，人間性等」

　なぜ3つの資質・能力は遊びを通して育まれるのだろうか。それは，子どもは遊びを通してさまざまなことを学ぶからである。『保育所保育指針解説』には，遊びの効用について以下のように示されている[26]。

　　遊びには，子どもの育ちを促す様々な要素が含まれている。子どもは遊びに没頭し，自ら遊びを発展させていきながら，思考力や企画力，想像力等の諸能力を確実に伸ばしていくとともに，友達と協力することや環境への関わり方なども多面的に体得していく。ただし，遊びの効用はこうしたことに限定されるものではない。遊びは，それ自体が目的となっている活動であり，遊びにおいては，何よりも「今」を十分に楽しむことが重要である。子どもは時が経つのも忘れ，心や体を動かして夢中になって遊び，充実感を味わう。そうした遊びの経験における満足感や達成感，時には疑問や葛藤が，更に自発的に身の回りの環境に関わろうとする意欲や態度の源となる。

　このように，遊びを通して子どもはさまざまな力を育んでいる。保育者は，遊びに夢中になる子どもの姿から，今どのような力が育まれているのか，さらに伸ばすためにはどのように遊びを展開するかを考える必要がある。
　そこで，次項の事例を読んで，どの場面で，子どものどのような力が育まれているかを考えてみてほしい。遊びから育ちを読み取る練習になるであろう。

{4} 事例：夏祭り

　ある幼稚園で，3つある年長クラスのうちの1つのクラスが夏祭りを開催し，模擬店を出店するという保育を行った[27]。模擬店には，金魚すくい，綿菓子・かき氷，たこやき・焼き鳥，輪投げ，的当て，お面があり，ほかの年長クラス，年中クラスはお客として模擬店を利用し，模擬通貨を利用してゲームや買い物をする。担任はマキ先生。担当している年長クラスは年中クラスからの継続であった。

マキ先生は，当初は模擬店のなかに焼き鳥店をいれることを考えていなかった。しかし，子どもたちから焼き鳥店をやりたいという声があがり出店することにした。マキ先生は子どもが焼き鳥をつくるために，発砲スチロール，スポンジ，竹串を用意しておいた。折り紙のような紙で焼き鳥をつくるより，発砲スチロールやスポンジのほうがつくりやすく，竹串に刺しやすいと考えたからである。

ところが，子どもたちは折り紙や新聞紙がほしいとマキ先生に伝えたため，急きょ用意することにした。子どもたちは，スポンジも活用しつつも，ほとんどの焼き鳥を折り紙や新聞紙でつくった。また，焼き鳥を焼く網や焼き鳥をのせる皿が必要であることにも気がつき，教室のなかにある素材でつくり始めた。

焼き鳥の製作が終わりに近づいたころ，机の上に発砲スチロールが細かくなったものが点在していた。マキ先生は片づけるために子どもに声をかけようかと考えたが，黙っておくことにした。

すると，子どもが塩を作ろうと言い出した。子どもたちは，発砲スチロールが細かくなった粒状のものを見て，塩を連想し，焼き鳥をつくる際には塩が必要であるという実際の体験を思い出し，塩をつくろうという結論に至ったようだ。塩をつくろうという意見が出始めると，今度は塩を保管する容器が必要ではないか，夏祭りで見た焼き鳥店では長細い筒状のものを振っていたという意見がでてきた。焼き鳥をつくり終えた子どもたちは，塩をつくったり容器をつくったりと活動が展開していった。

　ところが，容器が完成した際に問題が発生した。容器のなかに塩をいれた後，両側をサランラップで閉じてしまったため，塩を振っても出てこなかったのである。

　そこで，焼き鳥をつくる際に使用した竹串で片側だけ穴を開けてみたが，穴が小さく，塩は出てこなかった。子どもたちは集まり，力強く振ったり，振り方を変えたりしたものの，塩は出てこなかった。

　すると，一人の子どもが，穴を大きくすればいいんだと声をあげた。早速，竹串やアイスピックを使って穴を大きくしたところ，塩が出てきた。子どもたちは，完成した焼き鳥に塩を振り，満足げな表情を浮かべていた。

　この一連の遊びのなかで子どもはさまざまな力を伸ばしている。遊びを通して今，子どもに何が育っているかという視点で遊びを捉えることが，保育者には求められるのである。

　なお，この事例には続きがある。紙幅の都合からここには掲載できないが，子どもが遊びを通してさまざまな力を伸ばしていることがわかる事例が続いている。引用文献[27] を参考にしてほしい。

5 一人ひとりの発達の特性に応じた乳幼児保育 ----

{1} 子どもの発達の捉え方と理解

　読者のみなさんは子どもの発達についてどのようなイメージをもっているだろうか。おそらく，まずは，座るからハイハイ，伝い歩き，歩行というように，身体的な発達を思い浮かべることが多いであろう。

　しかし，発達には，こうした身体的な発達はもちろん，心の発達もある。2歳ごろには他者と自分の違い，他者の存在が明確になり，自分でやってみたいという気持ちが育ってくるいわゆる「自我の芽生え」があらわれる。そして，園などでの集団生活を通して，他者の気持ちを知ろうとする，理解する，仲間と一緒に活動することの楽しさを感じるなど，さまざまな気持ちの育ちを経験していく。また，自分でやってみる意欲，考える力，行動する力など，さまざまな「力」が育っていく。子どもは多様な経験を通して，さまざまな方向からたくさんの発達をしていく。だから保育者は多様な視点から発達の理解をしていくことが大切である。

　では，大人は子どもの何をみて発達したと捉えるのだろうか。

　『保育所保育指針解説』では，「ある時点で何かが「できる，できない」といったことで発達を見ようとする画一的な捉え方ではなく，それぞれの子どもの育ちゆく過程の全体を大切にしようとする考え方」[28]と示されている。つまり，何かができるようになったことだけが発達ではなく，子どもが今経験している過程も含めて発達と捉えるということである。今，こんな力が育っている，育とうとしているという捉え方である。

　また，「発達には，ある程度一定の順序性や方向性がある」[29]と示されている。その発達の順序性，方向性を捉える視点として年齢がある。おおよそ何歳ぐらいになるとこのような育ちが見られるということである。しかし，同じ年齢でも，とくに発達が著しい子どもは月齢によっても発達が異なる。さらに，家庭や園での経験や状況によっても発達は異なってくる。したがって年齢による枠の視点だけで発達を理解していくことは，その子ども一人ひとりの発達を捉えたり，その子どもを理解したりするときにズレが起こることも考えられる。

　『保育所保育指針解説』には発達の視点を捉える上で，「子どもの育つ道筋やその特徴を踏まえ，発達の個人差に留意するとともに，一人一人の心身の状態や家庭生活の状況などを踏まえて，個別に丁寧に対応していくことが重要」[30]と示されている。子どもの今，このときの現実の姿を，過程のなかで捉え，受け止めることが重要であり，

子どもが周囲のさまざまな人との相互的な関わりを通して育つことに留意することが大切である。

　このように，おおよその発達，子どもの育ち道筋を捉えながらも，一人ひとりの「今」を理解して，援助していくことが重要である。

事例④ ┊ 自分で！

（3歳児，10月）

　アイちゃんは，保育園に行くときの服を自分で選ぶことを楽しみにしている。自分の服が入っている引き出しから，今日着る服を選んでくる。ときには，引き出しの前で，考えているようなしぐさも見られ，時間がかかることもある。

　また，一人ではまだうまく着られないこともあるが，なんとか自分で選んだ服を着ようとチャレンジしている。園の保育者や家庭の保護者も，アイちゃんの気持ちを理解して，それらの行動を見守っている。ある日，自分で選んだ服をすぐ着ることができ，なんと隣にいる妹にも服を着せてあげていた。着せてあげられたとき，アイちゃんは，できた！　というような表情で保育者のほうをみて笑った。保育者は「ほんとだ！　ありがとう，アイちゃん」と微笑み返した。

　自分で選んだのだから自分で着たいという姿からは，アイちゃんの自分でやりたい，考えたいという意欲や行動が育っていることがわかる。そして妹の着替えも手伝う姿から，自分で考えて行動すること，さらに次の人の役に立ちたいという意欲につながっていることがわかる。また，そのようなアイちゃん姿に，保育者や保護者はあせらせることなく見守っている。そして，できたというような表情を見せたアイちゃん

に対して言葉と笑顔で応答している保育者の姿から，アイちゃんは達成感や安心感，意欲などの気持ちをもっただろう。

　子どもの姿として，まだうまくできないけれど，自分でやってみたいという場面がある。たとえば，１歳〜２歳ごろ自分で靴を履いてみたい，服を着てみたいというように，いつも大人にやってもらっていることを自分でやってみたいということがある。そこには，子どもの意欲や探求心などが育っているのである。できないから，時間がかかるからと，子どもの「やろうとしている」気持ちを奪ってしまっては育とうとしているものが育ちにくくなってしまう。

　また，４歳ごろになると，自分の気持ちと他者の気持ちのなかで葛藤することが多くなる。他者の気持ちに気づいているけれど，まだ自分の気持ちと折り合いがつけられず考えていることがある。そんなとき，「ごめんねをいいなさい」「半分こね」などと大人の解釈でその場をしのごうとすると，やはり子どもの考える力や解決する力など育とうとしている力を奪ってしまうのである。保育者は，子どもが育とうとしていることを奪わず，待つことが大切である。

{2} 子どもの姿を捉える

　発達の理解は，道筋だけではなく，一人ひとりの子どもの気持ちの理解も捉えていくことが大切である。保育者が柔軟に目の前の子どもを理解していくことで，発達を踏まえた援助につながっていくのである。

事例 ⑤ ｜ 大好きな弟と一緒に登園できる！

（幼稚園４歳児，４月）

　年中組に進級したソウマくんは，年子の弟ユウゴくんが今年から３歳児クラスの入園し，一緒に登園できることを楽しみにしていた。ユウゴくんは，お兄ちゃんの送り迎えで毎日園に来ていたにもかかわらず，いざ自分が入園するとなると朝から大泣き。そこで，お兄ちゃんのソウマくんは張り切ってユウゴくんをクラスまで連れていく。そして，自分も急いで朝の支度をすませ，またユウゴくんのクラスへお世話をしに行く姿が見られた。そんなソウマくんの姿はたくましく，表情も生き生きしていた。保護者の方も「さすが，お兄ちゃん！」とすっかり頼りにしているようだった。ソウマくんは自分のクラスに戻ってからも，積極的に友達と遊んだり，活動に取り組んでいたりしている。

　ソウマくんはが，張り切ってユウゴくんをクラスへ連れていったり，すぐまたユウゴくんのクラスへ行く姿から，大好きな弟と一緒に登園できることを楽しみにしていたことがわかる。また，母親から「さすが，お兄ちゃん！」といわれることや，泣いて頼ってくる弟の姿から，自分が頼られていることを誇らしげに感じているとことだろう。

　このような姿から，ソウマくん自身も年中組へ進級したよろこびを実感している。そして，その姿をまわりの人が認めてくれる。それが自信となり，ソウマくん自身も新しいクラスで新しい友達との出会いを楽しんだり，活動へ意欲的に取り組んでいくことにつながっている。

事例 ⑥ ┆ いやだ！

（幼稚園 4 歳児，9 月）

　長い夏休みを終え，2 学期がスタートした。お兄ちゃんのおかげですっかり園になれたユウゴくんは，久しぶりの園へ元気に登園した。ところが，一緒に登園してきたソウマくんがクラスの入口にくると「いやだ！」と泣き始めた。担任のヒロコ先生が理由をたずねても「いやだ！」と泣くばかり。泣き声はだんだん大きくなり，遂には母親にしがみつき，まったくクラスに入ることができない。なんとか，ヒロコ先生が母親からソウマくんを受け取る形になった。そのような日が数日間続いた。ソウマくんは，クラスに入ると，しばらくして落ち着き，1 学期と変わらず友達と遊ぶ姿が見られた。

　上の事例について，あなたが担任の保育者であったら，ソウマくんにどのような援助をするだろうか。解説を読む前に，具体的な言葉がけを考えてみよう。

　1学期の姿とは変わってしまったソウマくん。泣き止んだ後は，クラスで友達と遊んだり，一緒に活動に取り組んだりしているので，おそらく園自体がいやになったということではない。これまで，お兄ちゃんとして張り切って，責任感をもって生活してきたソウマくん。一方，まだ4歳児である。ずっとお兄ちゃんでいることも子どもなりに大変，お兄ちゃんも甘えたいときもある。しかし，その気持ちをどのように表現してよいかソウマくん自身がとまどい，「泣く」という行為になったのだろう。

　さて，みなさんが考えた言葉がけは，どうだっただろうか。その後，実は担任のヒロコ先生は「そういうときもあるよね」という言葉をかけている。ヒロコ先生には「たまにはお兄ちゃんも甘えたいし，わがままいってみたいよね」という子ども理解をしたと考えられる。

　事例5と6を発達の視点から振り返ってみる。事例5の張り切ってがんばる姿も事例6のいやだと大泣きする姿も同じ子どもの姿である。もしかしたら，1学期は立派な姿だったのに，2学期はなぜできなくなってしまったのだろうと考えて発達が止まった，もしくは後退したと感じるかもしれない。経験が必ずしもさらなる次の段階へと，階段のように一段ずつ上がっていくとは限らないのである。

　子どもはそのとき，自分で感じたことを言動で表現し，まわりの人と関わることにより，さらに自分の成長につなげていく。1学期のソウマくんの姿は，まさに「成長」していっていることがわかる。では，2学期の姿は「成長」していないのだろうか。そのとき，自分が感じたことをとまどいながらも表現しているという視点から考えると，決して成長していないとはいえないのである。そして，自分の思いを表現することをまわりの人が受け止めてくれることで，自分の気持ちに折り合いをつけたり，整えたりする力が育っているのである。

このように子どもの発達とは，肯定的に捉えやすい姿だけではなく，一見すると困りごとと捉えられる姿からも育ちが見いだされるのである。

だから，保育者は子どもの発達を捉えるとき，年齢などで画一的に捉えるだけではなく，一人ひとりの環境や状況，これまでの経験なども含めて捉えていくことが重要である。そして，一度経験したから次は必ずしも大丈夫とはいかないことも心に留めておくことが必要である。同じ状況でも，そのときの子どもの気持ちのもち方や体調，状況によっても，子どもの姿は変化していくからである。

このように発達を捉えることにより，保育者自身も子どもの育ちを発見し，共によろこび合うことができるのである。

6 計画的な環境構成

{1} 計画的な環境構成が必要な理由

環境構成における環境とは，保育者や子どもなどの人的環境，玩具や保育室（教室）などの物的環境，自然や社会のような自然・社会環境がある。

保育は環境を通して行うものであることから，環境構成の質やあり方は保育において重要である。それゆえに，環境構成は，単に何かしらの環境を用意すればよいというものではない。保育所保育指針では，「保育所は，…（略）…計画的に環境を構成し，工夫して保育しなければならない」[31]と，計画的な環境構成の必要性を示している。では，なぜ環境構成を計画的に行う必要があるのだろうか。その理由は3つある。

第1に，きめ細かな環境構成ができるからである。保育の前にどのような環境にするかを計画することで，ねらいを達成するために必要な環境や，子どもの動きを予想した環境をしっかり考えることができる。計画を立てないで，行き当たりばったりで環境構成すると，ねらいを達成するのに適さない環境や，子どもの興味や関心を踏まえない環境になりがちである。それだけではなく，保育者が用意する環境での子どもの動きを予想しておかないと，事故や怪我につながりやすい環境になってしまうこともある。そのため，環境構成は計画的に行う必要がある。

第2に，柔軟な保育を行いやすくなるからである。保育の前にさまざまな環境を考えるということは，それぞれの環境に応じたさまざまな子どもの動きを考えるということでもある。この環境にすると子どもはどう動くか，あの環境にすると子どもの動きはどう変わるかというように，子どものさまざまな動きを考えておく（シミュレーションしておく）ことで，計画通りに子どもが動かないときでもあわてることなく，環

境を柔軟に変えて保育が進めやすくなるのである。

　第3に，保育の質向上につながるからである。保育の質を高めるためには，振り返りが欠かせない。振り返りのなかで計画した保育と実際の保育を比較するのである。なぜ計画通り進んだ（進まなかった）のか，どのように改善すればよいのか，子どもの動きは十分に予想できていたか，用意した環境で子どもは十分に楽しんでいたかのように，あらかじめ考えた環境構成と，そこでの実際の子どもの姿を一つひとつていねいに比較して，改善点を見つけるようにするのである。こうした振り返りを積み重ねていくことが，保育の質向上につながっていくのである。

｛2｝ 環 境 構 成 の 視 点

　環境構成する際は，次の3つの視点から考える必要がある。

①子どもの興味や関心の視点

　環境構成は，保育者の都合ではなく，子どもの立場から考えて行う。具体的には，子どもの興味や関心に即した環境を用意するのである。たとえば，子どもが草木のような植物に関心をもっているのなら，製作活動をする際に折り紙や新聞紙ではなく，草木を使うとよいだろう。

　次の事例は，こいのぼりの製作活動を通して子どもが魚に興味をもったことから，保育者が子どもの興味や関心を踏まえて環境構成した事例である。

事例 ⑦ ｜ 魚ごっこ

（4歳児，6月）

　こいのぼりの季節を迎え，4歳児クラスを担当するカスミ先生はこいのぼりの製作活動をしようと考えた。園舎の裏庭の池にいる実物の鯉を見てから画用紙や折り紙でこいのぼりをつくり，完成したものを保育室に掲示することを考えていた。

　実物の鯉を見た子どもたちは，鯉や魚の生態や特徴に興味や関心をもった。子どもたちはカスミ先生が鯉を呼ぶために手を叩く合図を見たことをきっかけとして，なぜ鯉は合図に気がつくのか，手を叩く音を聞く耳があるのか，それとも手を叩くしぐさを見ているのか，なぜ魚は水中で生活できるのに人間はできないのか，魚は何を食べて生きているのか，なぜ鯉にはさまざまな色があるのかのように，鯉や魚に関する疑問を次々に口にし始めた。製作活動の導入として鯉を見ることにしたのであるが，子どもはすっかり鯉や魚に夢中になっていた。

　そこで，こいのぼりの製作活動の翌日，鯉や魚に夢中になった子どもたちのために，

カスミ先生はスズランテープや青いビニールシートを使って保育室を水中に見立てた。子どもたちは，さまざまな魚の動きを楽しんだ。

②子どもの発達の視点

　環境構成する際は，子どもの発達を考えることも欠かせない。子どもの発達を考慮していない環境を用意したのでは，子どもに必要以上に負担がかかり，遊びや活動を楽しむことができなくなる。たとえば，子どもの手指の巧緻性の発達段階によっては，はさみを上手に使いこなせないことがある。そのようなときは，保育者があらかじめ切っておく必要がある。

　次の事例は『幼稚園教育要領解説』に掲載されている，子どもの発達に即した環境構成の例である[32]。

事例⑧ ┆ 子どもの発達に即した環境構成

　例えば，入園当初の不安や緊張が解けない時期には，幼児は，日頃家庭で親しんでいる遊具を使って遊ぼうとしたり，自分が安心できる居場所を求めたりする。教師に対しても一緒に行動することを求める姿が見られる。このような時期には，一人一人の家庭での生活経験を考慮し，幼児が安心して自分の好きな遊びに取り組めるように，物や場を整えることが必要である。また，教師はできるだけ一人一人との触れ合いをもつようにし，その幼児なりに教師や友達と一緒に過ごす楽しさを感じていけるように穏やかな楽しい雰囲気をつくることが大切である。

　次第に安定して遊ぶようになると，幼児は同じ場で遊ぶ他の幼児に関心を向けたり，行動の範囲や活動の場を広げるようになる。このような時期には，幼児が友達との遊びを安定した状態で進めたり，広げたりできるような場を構成すること，活動の充実に向けて必要な遊具や用具，素材を準備すること，幼児の新たな発想を生み出す刺激となるような働き掛けをすることが大切となる。

　やがて，幼児は，友達と一緒に遊ぶ楽しさや様々な物や人との関わりを広げ深めていくようになる。このような時期には，友達と力を合わせ，継続して取り組む活動が

できる場の構成を工夫することが大切である。また，友達の刺激を受けながら自分の
力を十分発揮していけるように，探究心や挑戦する意欲を高めるような環境の構成が
重要である。

　なお，①と②は，保育のねらいに即した環境を用意するともいえる。保育のねらい
は子どもの興味や関心，そして後述する発達に即して設定されているからである。

③安全（事故防止）の視点

　環境構成を考える際は，子どもが事故や怪我をしないようにする必要がある。たと
えば，紙皿UFOや傘袋ロケットを飛ばす遊びでは，子どもは飛ばすことに夢中になっ
て周囲が見えなくなることがある。そのため，子ども同士が衝突しないような環境を
用意する必要がある。

　なお，子どもが事故や怪我をしないような環境を用意することは重要なことである
が，子どもの生活や遊びが必要以上に制限されることがないようにすることも忘れて
はならない。内閣府による「教育・保育施設等における事故防止及び事故発生時の対
応のためのガイドライン」にも次のように示されている。

> 　日々の教育・保育においては，乳幼児の主体的な活動を尊重し，支援する必要
> があり，子どもが成長していく過程で怪我が一切発生しないことは現実的には考
> えにくいものです。そうした中で，施設・事業所における事故（以下「事故」とい
> います。），特に，死亡や重篤な事故とならないよう予防と事故後の適切な対応を
> 行うことが重要です[33]。

　事故や怪我を防止するために，子どもの活動を制限しすぎたり，禁止事項が多く
なったりすることは好ましいことではない。子どもの主体的な活動の尊重と，事故や
怪我の防止のバランスが大切なのである。

　以上のように，環境構成する際は，子どもの興味や関心，子どもの発達，事故防止
の3つの視点を総合的に考える必要がある。

{3} 計画性と柔軟性のバランス

　保育をする前にどのような環境にするかを計画しておくことは重要である。しかし，
保育が始まれば，子どもの動きに即して環境を柔軟に変えていくこと（環境の再構成）
も重要である。計画的な環境構成とは，保育前に計画した環境を決して変えないとい
う固定的な環境構成ではなく，計画を意識しつつも状況に応じて環境を変えていく柔

軟さのある環境構成を意味する。

　環境構成の計画性と柔軟性のバランスの重要さは，『保育所保育指針解説』や『幼稚園教育要領解説』でもさまざまな箇所で示されている。以下はその一例である。

　　保育の計画を作成するに当たっては，全職員が各々の職種や立場に応じて参画し，保育の理念や方針を共有しながら，保育の方向性を明確にする。その際，子どもの発達や生活の連続性に配慮し，在籍期間を通じた育ちの見通しをもって，日々の生活における子どもの実態を捉える視点をもつことが重要である。その上で，子どもに計画通り「させる」保育ではなく，その時々の子どもの状況や遊びの展開に応じて環境を適宜変えていくなど，保育士等の適切な判断の下，保育が柔軟に行われることが求められる[34]。

　　保育士等は，子どもの気持ちを尊重し，一人一人の子どもに「自分でやってみたい」という気持ちが現れるのを待つことが大切であるが，子どもの興味や関心に沿って環境の構成を変えたりするなど，意欲が促されるような工夫をすることも必要である[35]。

　　環境の構成には，計画的な側面と，子どもが環境に関わる中で生じる偶発的な出来事を生かす側面とがある。したがって，ある特定の活動を想定して大人主導で展開させるための環境ではなく，子どもの気付き・発想・工夫を大切にしながら，子どもと共に環境を再構成していくことが大切である[36]。

　　見通しをもち，計画を立てることによって初めて，幼児が今行っている経験の意味を理解し，発達を促す関わりや環境の構成を考えることができる。しかし，幼児の活動の展開は多様な方向に躍動的に変化するものであり，常に見通しと一致するわけではない。したがって，計画を立てて環境を構成すればそれでよいというわけではない。常に活動に沿って環境を構成し直し，その状況での幼児の活動から次の見通しや計画をもち，再構成し続けていくことが必要となるのである[37]。

　次の事例は，保育者養成校に所属していたある実習生の事例である。この事例から，環境構成の計画性と柔軟性のバランスの大切さを学んでほしい。

事例 ⑨	ロボットとダンゴムシ

　アヤカ先生は部分実習として，さまざまな材料を使ってロボットをつくる製作活動を考えていた。ティッシュの空箱，トイレットペーパーの芯，ペットボトルのキャップ，折り紙，新聞紙などのさまざまな材料を用意しておいた。製作活動への導入として絵本『ロボット・カミィ』（福音館書店）の読み語りも考えていた。

　ところが，ロボットの製作活動を始める前の自由遊びの時間に，子どもは園庭でダンゴムシを見つけ興味津々。ダンゴムシに触れてみたり，毎日何を食べているのだろうと友達と相談したり，ダンゴムシのことがとても気になっていた。昼食の時間も，ダンゴムシはバナナを食べるのかな，どこで食べ物を買ってくるのかなと，ダンゴムシに対する興味や関心は高まるばかりであった。でも，ダンゴムシを見てちょっと怖いという子どももいた。「気持ち悪い！」「怖い！」「あっちにやって！」と，ダンゴムシを嫌う子どももいた。

　さて，アヤカ先生はどうしたか。アヤカ先生は，「今日はみんなに2つのうち，どちらかをつくってもらいます。1つは，さっきみんなのところに遊びにきてくれたダンゴムシさんのお家をつくってください。みんなもお家があるよね？　ダンゴムシさんが住むお家をプレゼントしてあげてください！　もう1つは，ダンゴムシさんのお友達をつくってあげてください。みんなもお友達と遊ぶと楽しいよね？　先生はロボットをつくろうと思っていたのだけど，何がいいかな？　ダンゴムシさんと仲良くなれるお友達をつくってあげてください！」

　アヤカ先生は，ロボットをつくる活動に，ダンゴムシの家をつくる活動を追加した。こうすることによって，ダンゴムシに興味をもっている子どもはダンゴムシの家をつくることができるし，ダンゴムシが苦手な子どもはダンゴムシのお友達をつくることができる。その場にいたすべての子どもにとってよい提案となった。あらかじめ考え

た保育とは異なる。しかし，すべての子どもの気持ちに寄り添った提案といえる。

アヤカ先生は，園庭から木，草，石，花などを集めてきて材料に加えた。また，導入として考えていた絵本『ロボット・カミィ』はやめて，手遊び「ころころだんごむし」にすることにした。こうして，子どもの興味や関心に即して，計画していたことを柔軟に修正して部分実習を行った。

7 保育者の役割

{1} 保育者に求められる知識と技術

保育者にはどのような知識と技術が求められるのだろうか。保育所保育指針には，次の6つの知識と技術が示されている[38]。

① これからの社会に求められる資質を踏まえながら，乳幼児期の子どもの発達に関する専門的知識を基に子どもの育ちを見通し，一人一人の子どもの発達を援助する知識及び技術
② 子どもの発達過程や意欲を踏まえ，子ども自らが生活していく力を細やかに助ける生活援助の知識及び技術
③ 保育所内外の空間や様々な設備，遊具，素材等の物的環境，自然環境や人的環境を生かし，保育の環境を構成していく知識及び技術
④ 子どもの経験や興味や関心に応じて，様々な遊びを豊かに展開していくための知識及び技術
⑤ 子ども同士の関わりや子どもと保護者の関わりなどを見守り，その気持ちに寄り添いながら適宜必要な援助をしていく関係構築の知識及び技術
⑥ 保護者等への相談，助言に関する知識及び技術

では，なぜこれら6つの知識と技術が保育者に求められるのだろうか。以下で説明していく。

①子どもの発達を援助する知識と技術

子どもの発達に関する知識を学ぶことで，より適切な保育ができるようになる。たとえば，おおよそ2歳になると自我の芽生えが見られる。それゆえ，自分の気持ちを

はっきりと主張するようになるが，一方で自分の気持ちと他者の気持ちの折り合いをつけることはできないことが多い。こうした子どもの発達に関する知識があれば，2歳児が自分の気持ちを一方的に主張した際にも，わがままな行為と否定的に捉えて注意するのではなく，自分の気持ちをきちんと伝えようとしていると前向きに捉えて，子どもの気持ちを代弁したり子ども同士の気持ちを整理したりすることができるようになるであろう。

②生活援助の知識と技術

　保育所や幼稚園などでの生活を通して，子どもは基本的な生活習慣や社会生活の送り方を身につける必要がある。そのため，保育者は子どもの生活援助の知識や技術を学び，子どもが自立（自律）できるように支援しなければならない。その際は，強制や命令ではなく，子どもの発達過程や意欲を踏まえた支援をすることが大切である。保育者に強制や命令されるからやる（言う）というのではなく，子ども自身がその必要性を理解し，意欲をもってやる（言う）という姿勢を身につけることができるようにするのである。

③保育の環境構成の知識と技術

　保育は環境を通して行うため，子どもの興味や関心，発達段階に適した環境構成の知識と技術を学ぶ必要がある。子どもは保育者が用意する環境によってさまざまな姿を見せる。たとえば，砂場にコップと皿を用意すればままごとが，スコップとバケツを用意すれば穴掘りやトンネルづくりが，水がでているホースを用意すれば水遊びや泥遊びが始まるであろう。保育者の環境構成は，子どもの遊びや育ちに影響を与える。それゆえに，環境構成に関する幅広い知識と技術を身につける必要がある。

④遊びを展開する知識と技術

　子どもは遊びを通してさまざまなことを経験し学んでいく。そのため，保育者は必要に応じて遊びに関わることで，子どもの遊びが充実するように支援する必要がある。もちろん，遊びは子ども自身が選択して，展開していくものである。しかし，ときには遊びが停滞することもある。そのようなとき，子どもの気持ちを聞いたり，遊びの目的を確認したりしながら遊びが前進していくように保育者が支援していくことで，遊びが充実していく。子どもの遊びの世界を壊さないようにしつつ，遊びが充実する働きかけを学ぶ必要がある。

⑤子ども同士の人間関係構築の知識と技術

　子どもは他者と衝突したり葛藤したりしながら，他者とのつき合い方を学んでいく。そのため，保育者は子どもの気持ちを代弁したり，子ども同士の気持ちを整理・調整

したりすることで，子どもが他者との付き合い方を学べるように支援する必要がある。子ども同士のいざこざやけんかを否定的に捉えるのではなく，子どもが他者との関わり方を学ぶよい機会と肯定的に捉えるようにすることが大事である。

⑥保護者の子育て支援に関する知識と技術

保育者は子どもの育ちを支えるだけではなく，保護者の子育てを支援する必要がある。なぜなら，保育者と保護者が協力することで，子どもの育ちが十分に保障されるからである。保育所保育指針にも，「保育所は，入所する子どもを保育するとともに，家庭や地域の様々な社会資源との連携を図りながら，入所する子どもの保護者に対する支援及び地域の子育て家庭に対する支援等を行う役割を担うものである」[39]と示されている。そのため，保護者面談の方法，クラス便りや連絡帳の書き方など，保護者の子育て支援につながる知識と技術を学ぶ必要がある。

ここまで，保育所保育指針に示されている保育者に必要な知識と技術を説明してきた。これらは保育士だけではなく，幼稚園教諭にも必要な知識と技術である。実際，『幼稚園教育要領解説』にも類似する内容が示されている。

たとえば，教師の役割として，「一人一人の幼児に対する理解に基づき，環境を計画的に構成し，幼児の主体的な活動を直接援助すると同時に，教師自らも幼児にとって重要な環境の一つであることをまず念頭に置く必要がある」[40]と示されている。また，教師（幼稚園教育）の専門性として，「幼児一人一人の行動と内面を理解し，心の動きに沿って保育を展開することによって心身の発達を促すよう援助することにある」[41]と示されている。

このように，保育士であれ幼稚園教諭であれ，保育者として必要な知識と技術は共通しているのである。

{2} 解くべき問題の発見

保育者として必要な知識と技術について一つ追加しよう。それは，解決すべき問題を正しく把握することである。別の言い方をすると，問題をどうやって解決するかを考える前に，そもそも何の問題を解決すればよいのかを考えるということである。本当に解決すべき問題は何かを考えるということである。前項で説明した知識と技術を身につけても，使うところを間違える，つまり解くべき問題を間違えると問題は解決しないからである。

たとえば，「園での午睡をやめてほしい。午睡すると帰宅してもなかなか寝ないため，子どもが深夜まで起きていて困る」と5歳児の保護者から保育者に相談があったとしよう。このようなとき，もっとも好ましくないのが，午睡をやめるとか，午睡の

時間を減らすという解決方法を提案することである。

　このようなときは，そもそも問題は午睡にあるのだろうかと解決すべき問題は何かを考えるようにすることが大事である。子どもは母親との時間を大事にしたくて起きているのかもしれない。母親が毎日仕事で忙しく子どもがさびしさを感じているのなら，子どもは夜遅くまで起きていて母親と接したがるであろう。もしそうであれば，午睡をやめても，午睡の時間を減らしても，子どもは夜遅くまで起きているであろう。午睡に問題があるのではなく，親子関係に問題があるのなら，午睡の有無や時間は何ら問題解決にならない。母親と子どもの時間をどうやって確保するか，子どもに対する母親の愛情をどうやって子どもに伝えるか，園はそのためにどのような役割を果たせるかを考えることが，問題の解決につながるのである。

　このように，保育や保護者の子育て支援に関する問題を解決する際は，いきなり解決策を考えるのではなく，そもそもどこに問題があるのか，何の問題を解決するとよいのかを考えることが大事である。間違った問題に正しい答えを出しても意味がないのである。

{3} 保育者に求められる専門性

　ここまで，保育者に必要な知識と技術について説明してきた。では，これらを身につけさえすれば，保育者としての専門性を身につけたといえるであろうか。いうまでもなく，知識と技術を身につけるだけでは十分ではない。保育所保育指針では，保育者の専門性について次のように示されている[42]。

　　　　子どもの最善の利益を考慮し，人権に配慮した保育を行うためには，職員一人一人の倫理観，人間性並びに保育所職員としての職務及び責任の理解と自覚が基盤となる。

　ここで大事なことは，「倫理観」や「人間性」が保育者の専門性として示されていることである。保育には保育者の人柄が反映される。子どもや保護者に対するまなざしや心持ちが保育にでてくるのである。保育者の専門性を高めるためには，保育や子育て支援に関する知識や技術を磨くだけではなく，倫理観や人間性も磨いていく必要がある。

　保育者の倫理観については，図表4「全国保育士会倫理綱領」が参考になる[43]。全8項目から構成されており，いずれも重要な項目である。「各項目で示されている内容を身につけるために必要なことは何か。それをどうやって身につけるのか」を考えながら読んでほしい。

●図表4　全国保育士会倫理綱領

1　子どもの最善の利益の尊重

　私たちは，一人ひとりの子どもの最善の利益を第一に考え，保育を通してその福祉を積極的に増進するよう努めます。

2　子どもの発達保障

　私たちは，養護と教育が一体となった保育を通して，一人ひとりの子どもが心身ともに健康，安全で情緒の安定した生活ができる環境を用意し，生きる喜びと力を育むことを基本として，その健やかな育ちを支えます。

3　保護者との協力

　私たちは，子どもと保護者のおかれた状況や意向を受けとめ，保護者とより良い協力関係を築きながら，子どもの育ちや子育てを支えます。

4　プライバシーの保護

　私たちは，一人ひとりのプライバシーを保護するため，保育を通して知り得た個人の情報や秘密を守ります。

5　チームワークと自己評価

　私たちは，職場におけるチームワークや，関係する他の専門機関との連携を大切にします。また，自らの行う保育について，常に子どもの視点に立って自己評価を行い，保育の質の向上を図ります。

6　利用者の代弁

　私たちは，日々の保育や子育て支援の活動を通して子どものニーズを受けとめ，子どもの立場に立ってそれを代弁します。また，子育てをしているすべての保護者のニーズを受けとめ，それを代弁していくことも重要な役割と考え，行動します。

7　地域の子育て支援

　私たちは，地域の人々や関係機関とともに子育てを支援し，そのネットワークにより，地域で子どもを育てる環境づくりに努めます。

8　専門職としての責務

　私たちは，研修や自己研鑽を通して，常に自らの人間性と専門性の向上に努め，専門職としての責務を果たします。

Column 2 インクルーシブな保育の環境とは

　新任保育者を取り巻く人間関係について考えてみよう。就職してすぐに出会うのは先輩，同僚となる保育者や看護師，栄養士などである。学生だった今までの生活とは一変し，新たなスタート踏み出すことになる。

　次に出会うのは子どもとその保護者であり，さらに園を取り巻く地域の方々との関わりが加わる。短時間の間に多くの人々と出会い，新たな人間関係を構築しなければならない。緊張する日々が続くと思われる。

　まずは子どもとの関わりを大切にし，自分のペースをつくっていくよう努力してほしい。子どもの気持ちに寄り添い，適切な対応，配慮ができなければ子どもからの信頼は得られない。困ったこと，わからないことは先輩保育者や園長・主任に質問し，一人で悩みを抱え込まないことが大切である。

　以前ある新任保育者が「何を聞いたらいいかさえもわからない」といっていた。就職直後の1年間は無我夢中で「学ぶこと」が山のようにあり，疲労困憊の毎日になるかもしれない。目の前にいる子どもたちからパワーをもらい，先輩保育者からのアドバイスを受け止め，自分ができることを一つひとつ増やしていくことで少しずつ力がつき，自信につながっていく。

　あせらず日々の保育（子どもと向き合う）を大切にすることである。

　幼稚園・保育所などには，いろいろな子どもが在園しているが，近年配慮を必要とする子どもが増えている。配慮を要する子どもとは，発達障害を含む障害児，虐待などが疑われる子ども，外国籍の家庭の子どもや外国にルーツをもつ子ども，貧困家庭ほか，いろいろな面で気になる子どもである。そのような子どもたちが在籍するクラスで，保育者は一人ひとりの子どもの育ちに応じた適切な援助をしなければならない。

　保育者は，一人ひとりの子どもがもつ困難さが緩和され，生活しやすくなるためにはどう援助すればよいか常に考え，実践しなければならない。子どもがどのようなことに困っているか，解決するためにはどのような援助をすればよいか，保育環境や保育者の援助のあり方を園全体で検討していくことが大切である。

　配慮を必要とする子どもが困らず安心して過ごせる環境を構築することは，ほかの子どもたちにとっても過ごしやすい環境になる。

　一人ひとりの子どもたちが安全な環境で，安心して過ごせるインクルーシブな保育を目指し，保育者は日々努力していくことが望まれる。

● 引用文献

1）日本ユニセフ協会ホームページ「子どもの権利条約」．(https://www.unicef.or.jp/about_unicef/about_rig.html　2023年2月28日参照)

2）e-gov法令検索「児童福祉法（第1章総則　第1条）」．(https://elaws.e-gov.go.jp/document?lawid=322AC0000000164　2023年2月28日参照)

3）文部省（1994）「「児童の権利に関する条約」について（文部事務次官坂元弘直，文初高第149号，平成 6 年 5 月20日）」.

4）厚生労働省（2018）『保育所保育指針解説』，フレーベル館, p.13.

5）厚生労働省（2018）『保育所保育指針解説』，フレーベル館, p.13.

6）厚生労働省（2018）『保育所保育指針解説』，フレーベル館, p.27.

7）厚生労働省（2018）『保育所保育指針解説』，フレーベル館, p.27.

8）文部科学省（2018）『幼稚園教育要領解説』，フレーベル館, p.29.

9）厚生労働省（2017）『保育所保育指針』，フレーベル館, pp.5-6.

10）文部科学省（2017）『幼稚園教育要領』，フレーベル館, p.5.

11）文部科学省（2018）『幼稚園教育要領解説』，フレーベル館, p.30.

12）高山静子（2014）『科環境構成の理論と実践』，エイデル研究所, p.31.

13）厚生労働省（2018）『保育所保育指針解説』，フレーベル館, p.43.

14）厚生労働省（2017）『保育所保育指針』，フレーベル館, p.13.

15）秋田喜代美・馬場耕一郎監修（2018）『保育士等キャリアアップ研修テキスト　幼児教育』，中央法規出版, p.27.

16）吉本和子（2003）『幼児保育』，エイデル研究所, p.15.

17）外務省「児童の権利に関する条約（全文）」.（https://www.mofa.go.jp/mofaj/gaiko/jido/zenbun.html 2023年 2 月28日参照）

18）e-gov法令検索「児童福祉法（第 1 章総則　第 2 条）」.（https://elaws.e-gov.go.jp/document?lawid= 322AC0000000164　2023年 2 月28日参照）

19）厚生労働省（2017）『保育所保育指針』，フレーベル館, p.4.

20）厚生労働省（2017）『保育所保育指針』，フレーベル館, p.6.

21）ホイジンガ, 高橋英夫訳（2019）『ホモ・ルーデンス（中公文庫プレミアム）』，中央公論新社, p.58.

22）フレーベル, 荒井武訳（1964）『人間の教育（上）』，岩波書店, p.71.

23）Parten, M. B, Social Participation among Pre-School Children. The Journal of Abnormal and Social Psychology, 27, 1932, pp.243-269.

24）厚生労働省（2018）『保育所保育指針解説』，フレーベル館, p.15.

25）厚生労働省（2017）『保育所保育指針』，フレーベル館, p.10.

26）厚生労働省（2018）『保育所保育指針解説』，フレーベル館, p.23.

27）浅井拓久也（2021）『「10の姿」で展開する！幼児教育の計画＆実践アイデア』，明治図書出版.

28）厚生労働省（2018）『保育所保育指針解説』，フレーベル館, p.14.

29）厚生労働省（2018）『保育所保育指針解説』，フレーベル館, p.21.

30）厚生労働省（2018）『保育所保育指針解説』, フレーベル館, pp.14-15.

31）厚生労働省（2018）『保育所保育指針』，フレーベル館, p.6.

32）文部科学省（2018）『幼稚園教育要領解説』，フレーベル館, p.255.

33）内閣府（2016）「教育・保育施設等における事故防止及び事故発生時の対応のためのガイドライン」，はじめに.（https://www8.cao.go.jp/shoushi/shinseido/meeting/kyouiku_hoiku/pdf/guideline1.pdf 2023年 2 月28日閲覧）

34）厚生労働省（2018）『保育所保育指針解説』，フレーベル館, p.38.

35）厚生労働省（2018）『保育所保育指針解説』，フレーベル館, p.286.

36）厚生労働省（2018）『保育所保育指針解説』，フレーベル館, p.46.

37）文部科学省（2018）『幼稚園教育要領解説』，フレーベル館, p.41.

38）厚生労働省（2018）『保育所保育指針解説』，フレーベル館, p.17.

39) 厚生労働省（2017）『保育所保育指針』，フレーベル館, p.4.

40) 文部科学省（2018）『幼稚園教育要領解説』，フレーベル館, p.45.

41) 文部科学省（2018）『幼稚園教育要領解説』，フレーベル館, p.46.

42) 厚生労働省（2017）『保育所保育指針』，フレーベル館, p.38.

43) 全国社会福祉協議会・全国保育協議会・全国保育士会（2003）「全国保育士会倫理綱領」．（https://www.z-hoikushikai.com/about/kouryou/index.html　2023年2月28日閲覧）

● **参考文献**

• 山縣文治監修（2017）『保育所・認定こども園等における人権擁護のためのセルフチェックリスト〜「子どもを尊重する保育」のために〜』，全国保育士会．（https://z-hoikushikai.com/download.php?new_arrival_document_id=123　2023年2月28日参照）

• 西村真実（2021）『育児担当制による乳児保育　実践編　——一人ひとりへの生活・発達・遊びの援助—』，中央法規出版.

• 浅井拓也・前田和代（2021）『デキる保育者はこう考える！PDCAベースの指導計画たて方ノート』，チャイルド本社.

• 浅井拓久也（2020）『パターンと練習問題でだれでも書けるようになる！0〜5歳児の全体的な計画・指導計画・要録』，明治図書出版.

• 浅井拓久也（2019）『活動の見える化で保育力アップ！ドキュメンテーションの作り方＆活用術』，明治図書出版.

• 浅井拓久也（2021）『週案まで書けるようになる！ライブ15講　保育実習指導案・日誌の書き方』，大学図書出版.

• 内閣府・文部科学省・厚生労働省（2018）『幼保連携型認定こども園教育・保育要領解説』，フレーベル館.

• 文部科学省（2018）『幼稚園教育要領解説』，フレーベル館.

第 3 章

領域「人間関係」の
ねらいと内容

1 領域「人間関係」の必要性

{1} 領域とは

幼稚園教育要領，保育所保育指針，幼保連携型認定こども園教育要領・保育要領において育みたい資質・能力を示した具体的な姿として「ねらい」が示されており，「内容」は「ねらい」を達成するために指導する事項である。これらを発達の側面から5つの「領域」に編成したものを「5領域」という。幼稚園教育要領の第2章ねらい及び内容では，5領域について「各領域は，これらを幼児の発達の側面から，心身の健康に関する領域「健康」，人との関わりに関する領域「人間関係」，身近な環境との関わりに関する領域「環境」，言葉の獲得に関する領域「言葉」，及び感性と表現に関する領域「表現」としてまとめ，示したものである。内容の取扱いは，幼児の発達を踏まえた指導を行うに当たって留意すべき事項」[1]と述べられており，「5領域」は幼児の発達を踏まえて指導することが重要であることを示している。

加えて『幼稚園教育要領解説』には「各領域に示されている「ねらい」は幼稚園生活の全体を通して幼児が様々な体験を積み重ねる中で相互に関連をもちながら次第に達成に向かうものであり，「内容」は幼児が環境に関わって展開する具体的な活動を通して総合的に指導されなければならないもの」[2]と述べられている。

このことから，「5領域」は子どもの発達の側面を見るものであり，それぞれを取りあげ指導するものではない。これらは具体的な体験・活動を通して，総合的に達成されていくものである。

{2} 領域「人間関係」と他領域との関係性

　「5領域」は具体的な体験を通して，相互に関連し合い，総合的に達成される。たとえば，一人が積み木を使ってお家をつくっていれば，「僕も手伝う」「私も手伝う」と言い遊び仲間が増えていく。周囲の友達が「もっと大きなお家をつくろう」と言えば，仲間が集まり協力して遊びを進める。さらに仲間の一人が「お家には屋根があるよ。屋根のあるお家をつくろう」と言えば，「そうしよう」と言ってお家の屋根づくりに移行していく。「積み木をこんな感じに置けばいいんじゃない」や「お家の形や色は，こんな感じがいいんじゃない」などと仲間内で話し合い，イメージを膨らませていく。その後，「積み木で東京タワーをつくろう」とタワーづくりに発展すれば，「じゃあ，どのように積もうか」と試行錯誤する。

　つくる楽しさを味わったり，十分に体を動かしたりしながら積み木を積みあげる姿には「健康」の領域の内容が含まれている。どのようなお家をつくるのかイメージしたり，それを実現したりするために，試したり工夫したりする姿には「環境」や「表現」の領域の内容が含まれている。考えたり感じたりしたことを，友達に言葉で伝えたり，「積み木でお家をつくる」という共通の目的に向かって協力し遊びを進める姿には「言葉」や「人間関係」の領域の内容が含まれている。

　このように具体的な体験のなかには，それぞれの領域の内容が相互に関連し合っている。つまり，具体的な体験を通して，各領域の「ねらい」や「内容」が総合的に達成されるのである。

{3} 領域「人間関係」の意義

　幼稚園教育要領，保育所保育指針などは，1989（平成元）年以降，およそ10年ごとに改訂（改定）されている。2017（平成29）年告示の教育要領，保育指針，教育・保

育要領の改訂（改定）の背景には，「知識・情報・技術をめぐる変化の早さが加速度的となり，情報化やグローバル化といった社会的変化が，人間の予測を超えて進展」[3]という社会の変化が指摘されている。これらの変化の著しい社会を生きる子どもたちには，多様な情報・出来事を受け止め，主体的に判断して行動しながら，他者と協働し，課題を解決していくための力を育成することが求められている。

　これらの力は，社会情動的スキルと呼ばれ，乳幼児期に育てたい力として注目を集めている。社会情動的スキルは，非認知能力や非認知スキルともいわれ，人生の成否に影響をおよぼす力として注目されている。社会情動的スキルは，おもに目標の達成，他者との協働，情動の制御に関わるスキルであり，日常生活のさまざまな状況においてあらわれる。『保育所保育指針解説』においても，「乳幼児期における自尊心や自己制御，忍耐力といった主に社会情動的側面における育ちが，大人になってからの生活に影響を及ぼすことが明らかとなってきた」[4]と示されている。社会情動的スキルは，領域「人間関係」に密接に関わる内容が含まれており，今後さらに強調されることになるだろう。

2　領域「人間関係」のねらいと内容

{1} 1歳以上3歳未満児と3歳以上児の「人間関係」のねらいと内容

　領域「人間関係」について，2008年告示版の「保育所保育指針」と2017年告示版の「保育所保育指針」のねらい及び内容を図表1に示す。1歳以上3歳未満児，3歳以上児ともに保育所保育指針から記載する。

●図表1　領域「人間関係」のねらい及び内容

	2008年告示版　保育所保育指針	2017年告示版　保育所保育指針
1歳以上3歳未満児		[領域「人間関係」の育てたい姿] 他の人々と親しみ，支え合って生活するために，自立心を育て，人と関わる力を養う。
		[ねらい] ①保育所での生活を楽しみ，身近な人と関わる心地よさを感じる。 ②周囲の子ども等への興味や関心が高まり，関わりをもとうとする。 ③保育所の生活の仕方に慣れ，きまりの大切さに気付く。 [内容] ①保育士等や周囲の子ども等との安定した関係の中で，共に過ごす心地よさを感じる。 ②保育士等の受容的・応答的な関わりの中

		で，欲求を適切に満たし，安定感をもって過ごす。 ③身の回りに様々な人がいることに気付き，徐々に他の子どもと関わりをもって遊ぶ。 ④保育士等の仲立ちにより，他の子どもとの関わり方を少しずつ身につける。 ⑤保育所の生活の仕方に慣れ，きまりがあることや，その大切さに気付く。 ⑥生活や遊びの中で，年長児や保育士等の真似をしたり，ごっこ遊びを楽しんだりする。
3歳以上児	[領域「人間関係」の育てたい姿] 他の人々と親しみ，支え合って生活するために，自立心を育て，人と関わる力を養う。	[領域「人間関係」の育てたい姿] 他の人々と親しみ，支え合って生活するために，自立心を育て，人と関わる力を養う。
	[ねらい] ①保育所生活を楽しみ，自分の力で行動することの充実感を味わう。 ②身近な人と親しみ，関わりを深め，愛情や信頼感を持つ。 ③社会生活における望ましい習慣や態度を身に付ける。 [内容] ①安心できる保育士等との関係の下で，身近な大人や友達に関心を持ち，模倣して遊んだり，親しみを持って自ら関わろうとする。 ②保育士等や友達との安定した関係の中で，共に過ごすことの喜びを味わう。 ③自分で考え，自分で行動する。 ④自分でできることは自分でする。 ⑤友達と積極的に関わりながら喜びや悲しみを共感し合う。 ⑥自分の思ったことを相手に伝え，相手の思っていることに気付く。 ⑦友達の良さに気付き，一緒に活動する楽しさを味わう。 ⑧友達と一緒に活動する中で，共通の目的を見いだし，協力して物事をやり遂げようとする気持ちを持つ。 ⑨良いことや悪いことがあることに気付き，考えながら行動する。 ⑩身近な友達との関わりを深めるとともに，異年齢の友達など，様々な友達と関わり，思いやりや親しみを持つ。 ⑪友達と楽しく生活する中で決まりの大切さに気付き，守ろうとする。 ⑫共同の遊具や用具を大切にし，みんなで使う。 ⑬高齢者を始め地域の人々など自分の生活に関係の深いいろいろな人に親しみを持つ。 ⑭外国人など，自分とは異なる文化を持った人に親しみを持つ。	[ねらい] ①保育所の生活を楽しみ，自分の力で行動することの充実感を味わう。 ②身近な人と親しみ，関わりを深め，<u>工夫したり，協力したりして一緒に活動する楽しさを味わい</u>，愛情や信頼感をもつ。 ③社会生活における望ましい習慣や態度を身に付ける。 [内容] ①保育士等や友達と共に過ごすことの喜びを味わう。 ②自分で考え，自分で行動する。 ③自分でできることは自分でする。 ④いろいろな遊びを楽しみながら物事をやり遂げようとする気持ちをもつ。 ⑤友達と積極的に関わりながら喜びや悲しみを共感し合う。 ⑥自分の思ったことを相手に伝え，相手の思っていることに気付く。 ⑦友達のよさに気付き，一緒に活動する楽しさを味わう。 ⑧友達と<u>楽しく</u>活動する中で，共通の目的を見いだし，<u>工夫したり，協力したりなどする。</u> ⑨よいことや悪いことがあることに気付き，考えながら行動する。 ⑩友達との関わりを深め，思いやりを<u>もつ</u>。 ⑪友達と楽しく生活する中できまりの大切さに気付き，守ろうとする。 ⑫共同の遊具や用具を大切にし，<u>皆</u>で使う。 ⑬高齢者を<u>はじめ</u>地域の人々などの自分の生活に関係の深いいろいろな人に親しみを<u>もつ</u>。

※下線部は，改定後の加筆修正箇所である。
（厚生労働省〔2008〕『保育所保育指針』，フレーベル館，pp.15-16. 厚生労働省〔2017〕『保育所保育指針』，フレーベル館，pp.18-19, 24-25.）

{2} 3法令改訂（改定）後の領域「人間関係」のねらいと内容について

　3歳以上児については，図表1から「ねらい」の変更箇所として「工夫したり，協力したりして一緒に活動する楽しさを味わい」の文章が加わっていることがわかる。こうした変更の背景には，身近な人と関わるだけではなく，友達と一緒に活動するなかで，協力して何かを達成する楽しさを味わうことや創意工夫をすることを重要視していることがある。

　1歳以上3歳未満児については，3歳以上児と同様に保育の内容を5つの領域にまとめ示されている。「2008年告示版　保育所保育指針」では割愛されている。1歳以上3歳未満児に示された内容は，後述の乳児保育に関する3つの視点（p.80参照）および3歳以上児の「5領域」との連続性を意識して記載されている。

　この時期は，保育者との信頼関係に支えられて生活を確立していく時期である。保育者の受容的・応答的な関わりのなかで，人と関わる心地よさを感じたり，友達の存在やきまりの大切さに気づくことの重要性が示されている。

3　領域「人間関係」の内容の取扱い

{1} 1歳以上3歳未満児の領域「人間関係」の内容の取扱いについて

　1歳以上3歳未満児の領域「人間関係」の内容の取扱いについて，保育所保育指針から抜粋する。

●図表2　1歳以上3歳未満児の領域「人間関係」の内容の取扱い

（ウ）内容の取扱い

　上記の取扱いに当たっては，次の事項に留意する必要がある。

①保育士等との信頼関係に支えられて生活を確立するとともに，自分で何かをしようとする気持ちが旺盛になる時期であることに鑑み，そのような子どもの気持ちを尊重し，温かく見守るとともに，愛情豊かに，応答的に関わり，適切な援助を行うようにすること。

②思い通りにいかない場合等の子どもの不安定な感情の表出については，保育士等が受容的に受け止めるとともに，そうした気持ちから立ち直る経験や感情をコントロールすることへの気付き等につなげていけるように援助すること。

③この時期は自己と他者との違いの認識がまだ十分ではないことから，子どもの自我の育ちを見守るとともに，保育士等が仲立ちとなって，自分の気持ちを相手に伝えることや相手の気持ちに気付くことの大切さなど，友達の気持ちや友達との関わり方を丁寧に伝えていくこと。

（厚生労働省〔2017〕『保育所保育指針』，フレーベル館，p.19.）

1歳以上3歳未満児の領域「人間関係」の「内容の取扱い」については，「③この時期は自己と他者との違いの認識がまだ十分ではないことから，子どもの自我の育ちを見守るとともに，保育士等が仲立ちとなって，自分の気持ちを相手に伝えることや相手の気持ちに気付くことの大切さなど，友達の気持ちや友達との関わり方を丁寧に伝えていくこと」がとくに重要である。

この項目では，友達の関わりにおいて，保育者が仲立ちとして重要な役割を果たさなければならないことを示している。保育者は，子どもの自我の育ちを大切にし，友達の気持ちや関わり方に気づくように援助することが重要である。たとえば，友達とのやり取りのなかで互いの主張がぶつかり，手が出てしまったり，泣きながら訴えたりしている場合は，子どもの思いをしっかり受け止め，共感の姿勢を示す。その上で保育者は，具体的な関わり方の見本を示したり，言ったり見せたりすることで，子どもが対人的な場面で，その状況に応じた行動や言葉があることに気づくことができるように援助することが大切である。

保育者が仲立ちとなり，友達の気持ちを代弁している様子

{2} 3歳以上児の領域「人間関係」の内容の取扱いについて

3歳以上児の領域「人間関係」の内容の取扱いについて，保育所保育指針から抜粋する（図表3）。

『2008年告示版　保育所保育指針』には内容の取扱いがないため，ここでは『2008年告示版　幼稚園教育要領』と比較をしていく。内容の取扱い①において，『2008年

●図表3　3歳以上児の領域「人間関係」の内容の取扱い

（ウ）内容の取扱い

　上記の取扱いに当たっては，次の事項に留意する必要がある。

①保育士等との信頼関係に支えられて自分自身の生活を確立していくことが人と関わる基盤となることを考慮し，子どもが自ら周囲に働き掛けることにより多様な感情を体験し，試行錯誤しながら諦めずにやり遂げることの達成感や，前向きな見通しをもって自分の力で行うことの充実感を味わうことができるよう，子どもの行動を見守りながら適切な援助を行うようにすること。

②一人一人を生かした集団を形成しながら人と関わる力を育てていくようにすること。その際，集団の生活の中で，子どもが自己を発揮し，保育士等や他の子どもに認められる体験をし，自分のよさや特徴に気付き，自信をもって行動できるようにすること。

③子どもが互いに関わりを深め，協同して遊ぶようになるため，自ら行動する力を育てるとともに，他の子どもと試行錯誤しながら活動を展開する楽しさや共通の目的が実現する喜びを味わうことができるようにすること。

④道徳性の芽生えを培うに当たっては，基本的な生活習慣の形成を図るとともに，子どもが他の子どもとの関わりの中で他人の存在に気付き，相手を尊重する気持ちをもって行動できるようにし，また，自然や身近な動植物に親しむことなどを通して豊かな心情が育つようにすること。特に，人に対する信頼感や思いやりの気持ちは，葛藤やつまずきをも体験し，それらを乗り越えることにより次第に芽生えてくることに配慮すること。

⑤集団の生活を通して，子どもが人との関わりを深め，規範意識の芽生えが培われることを考慮し，子どもが保育士等との信頼関係に支えられて自己を発揮する中で，互いに思いを主張し，折り合いを付ける体験をし，きまりの必要性などに気付き，自分の気持ちを調整する力が育つようにすること。

⑥高齢者をはじめ地域の人々などの自分の生活に関係の深いいろいろな人と触れ合い，自分の感情や意志を表現しながら共に楽しみ，共感し合う体験を通して，これらの人々などに親しみをもち，人と関わることの楽しさや人の役に立つ喜びを味わうことができるようにすること。また，生活を通して親や祖父母などの家族の愛情に気付き，家族を大切にしようとする気持ちが育つようにすること。

(厚生労働省〔2017〕『保育所保育指針』, フレーベル館, pp.25-26.)

告示版　幼稚園教育要領』では，「(略)…試行錯誤しながら自分の力で行うことの充実感を味わうことができるよう，幼児の行動を見守りながら適切な援助を行うようにすること」[5] と記載されていたが，今回の改定により「(略)…試行錯誤しながら諦めずにやり遂げることの達成感や，前向きな見通しをもって自分の力で行うことの充実

感を味わうことができるよう，子どもの行動を見守りながら適切な援助を行う（下線部は筆者による）」と示された。この項目では，保育者が子どもの気持ちを読み取り，受け止め，見通しをもったりあきらめずにやり遂げたりして，子どもが達成感を十分に味わえるように援助する重要性が示されている。

　たとえば，生活や遊びのなかで，子どもなりに実現したい思いや願いが生じる。その際に保育者は，子どもの気持ちを読み取り，受け止め，試行錯誤しながらあきらめずにやり遂げることができるように，子どもの心に寄り添ったりする。また，子どもの実現したい思いや願いを達成できるよう保育者は見通しをもって共に考えたり，見本を示したりしながら，達成感を十分に味わえるように援助することが大切である。

「怖くないよ」と子どもの気持ちを読み取り一緒に滑る様子

　また，内容の取扱い②においては，『2008年告示版　幼稚園教育要領』では，「（略）…特に，集団の生活の中で，幼児が自己を発揮し，教師や他の幼児に認められる体験をし，自信をもって行動できるようにすること」[6]とあったが，今回の改訂では「自分のよさや特徴に気付き，自信をもって行動できるようにすること」が加えられている。

　この項目では，保育者や他児に認められるだけでなく，自分自身のよさや特徴に気づくことで，自信をもって行動することの重要性を示している。一人ひとりの子どものよさや特徴に気づくためには，保育者が子どもの心に寄り添い，その子なりのよさを認めることが重要となる。たとえば，昨日よりもさらに難しい遊びに取り組んでいて，何度も失敗を繰り返す子どもがいたとしよう。その際，保育者は，子どもの心に寄り添い，その子なりにがんばっているところや，挑戦したり粘り強く取り組んでいることを十分に認めることが大切である。このように子どもが自己発揮し，保育者に認められるなかでこそ，自分のよさや特徴に気づき，自信をもって行動することができるのである。

4 乳児保育における領域「人間関係」とは----

{1} 領域「人間関係」と乳児保育の視点「身近な人と気持ちが通じ合う」

　『2017年告示版　保育所保育指針』と『2017年告示版　幼保連携型認定こども園教育・保育要領』には，「乳児保育に関わるねらい及び内容」が記載されている。しかし，乳児期については，いわゆる「5領域」で示している保育内容に関わる発達が未分化である。そのため生活や遊びを通して，子どもたちの身体的・社会的・精神的発達の基盤を培う時期であることを踏まえ，「3つの視点」で示されている。この3つの視点とは，「健やかに伸び伸びと育つ」「身近な人と気持ちが通じ合う」「身近なものと関わり感性が育つ」である（図表4）。

●図表4　乳児保育（0歳児）の保育内容の記載イメージと領域「人間関係」

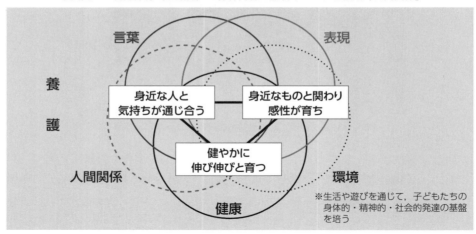

(厚生労働省社会保障審議会児童部会保育専門委員会（2016）「保育所保育指針の改定に関する議論のとりまとめ」, p.18.)

　「健やかに伸び伸びと育つ」の視点は，「健康」の領域との連続性を意識して記載されている。「身近な人と気持ちが通じ合う」は，「言葉」「人間関係」，「身近なものと関わり感性が育つ」は，「表現」「環境」の領域との連続性を意識して記載されている。このように「5領域」は「3つの視点」のすべてに関連しているのである。これらが相互に関連し合い，乳児は生活や遊びを通して育まれていくのである。

　乳児期の3つの視点のうち，領域「人間関係」に関連する事項である「身近な人と気持ちが通じ合う」のねらいと内容を，保育所保育指針から以下に抜粋する。

◉図表5 「身近な人と気持ちが通じ合う」のねらい及び内容

---

1 乳児保育に関わるねらい及び内容

（2）ねらい及び内容

イ 身近な人と気持ちが通じ合う

受容的・応答的な関わりの下で，何かを伝えようとする意欲や身近な大人との信頼関係を育て，人と関わる力の基盤を培う。

（ア）ねらい

①安心できる関係の下で，身近な人と共に過ごす喜びを感じる。

②体の動きや表情，発声等により，保育士等と気持ちを通わせようとする。

③身近な人と親しみ，関わりを深め，愛情や信頼感が芽生える。

（イ）内容

①子どもからの働きかけを踏まえた，応答的な触れ合いや言葉がけによって，欲求が満たされ，安定感をもって過ごす。

②体の動きや表情，発声，喃語等を優しく受け止めてもらい，保育士等とのやり取りを楽しむ。

③生活や遊びの中で，自分の身近な人の存在に気付き，親しみの気持ちを表す。

④保育士等による語りかけや歌いかけ，発声や喃語等への応答を通じて，言葉の理解や発語の意欲が育つ。

⑤温かく，受容的な関わりを通じて，自分を肯定する気持ちが芽生える。

（厚生労働省〔2017〕『保育所保育指針』，フレーベル館，pp.14-15.）

{2} 身近な人と気持ちが通じ合うのねらいと内容について

「身近な人と気持ちが通じ合う」の「ねらい」のうち，領域「人間関係」に深く関連するものは，「①安心できる関係の下で，身近な人と共に過ごす喜びを感じる」「③身近な人と親しみ，関わりを深め，愛情や信頼感が芽生える」である。

子どもが社会で生きる上で，とくに大切なのは人との関わりである。乳児期におい

保育者との受容的・応答的な関わり

て，身近にいる特定の保育者による受容的・応答的な関わりを通して，子どもとの間に愛着が形成され，人に対する信頼感を形成していく。また，自分が他者から愛され，受け入れられ，認められる実感のなかで自己肯定感が育まれていく。このような安心・安定した関係のもとで，相手に関わろうとする意欲が生まれ，人と関わる力が育つのである。

「身近な人と気持ちが通じ合う」の「内容」のうち，領域「人間関係」に深く関連するものは，「①子どもからの働きかけを踏まえた，応答的な触れ合いや言葉がけによって，欲求が満たされ，安定感をもって過ごす」「③生活や遊びの中で，自分の身近な人の存在に気付き，親しみの気持ちを表す」「⑤温かく，受容的な関わりを通じて，自分を肯定する気持ちが芽生える」である。保育者の言葉かけなどによる受容的・応答的な関わりと子どもの働きかけの相互作用を繰り返しのもとで，他者への信頼感や愛情，自己肯定感が育まれるのである。

{3} 身近な人と気持ちが通じ合うの内容の取扱いについて

乳児期の3つの視点のうち，領域「人間関係」に関連する視点である「身近な人と気持ちが通じ合う」の内容の取扱いについて指針から抜粋する。

●図表6　「身近な人と気持ちが通じ合う」の内容の取扱い

（ウ）内容の取扱い
上記の取扱いに当たっては，次の事項に留意する必要がある。
①保育士等との信頼関係に支えられて生活を確立していくことが人と関わる基盤となることを考慮して，子どもの多様な感情を受け止め，温かく受容的・応答的に関わり，一人一人に応じた適切な援助を行うようにすること。
②身近な人に親しみをもって接し，自分の感情などを表し，それに相手が応答する言葉を聞くことを通して，次第に言葉が獲得されていくことを考慮して，楽しい雰囲気の中での保育士等との関わり合いを大切にし，ゆっくりと優しく話しかけるなど，積極的に言葉のやり取りを楽しむことができるようにすること。

（厚生労働省〔2017〕『保育所保育指針』，フレーベル館，p.15.）

「身近な人と気持ちが通じ合う」の「内容の取扱い」のうち，領域「人間関係」に深く関連するものは，「①保育士等との信頼関係に支えられて生活を確立していくことが人と関わる基盤となることを考慮して，子どもの多様な感情を受け止め，温かく受容的・応答的に関わり，一人一人に応じた適切な援助を行うようにすること」である。この項目においても，保育者の信頼関係を基盤に人との関わりが育っていく。そのため，保育者の子どもに対する受容的・応答的な関わりの重要性が指摘されている。

●Column 3● 子どもが好きなだけでは保育者は務まらない!?

　保育という仕事は，責任のある仕事である。なぜなら乳幼児期の子どもの成長・発達は，その後の人生に大きな影響を与えるためである（第1章第1節参照）。保育者はこれを念頭に置き，子どもと関わらなければならない。一方で，そのような大切な時期に子どもの成長に携わることができるすばらしい仕事でもある。そのやりがいは計り知れない。

　筆者は，保育者養成校の教員をしているが，保育を学ぶ学生に「保育者を目指したきっかけは何ですか」とたずねると，「子どもが好きだから」と笑顔で返答がある。しかし，保育現場では「子どもが好きなだけでは保育者として務まらない」という厳しい声が数多くある。

　たとえば，保護者との関わり，職場内の園長，主任，同僚，後輩との関わり，地域連携における保育者として他職種の人たちとの関わりといった「多様な人と協働する力」が求められる。また，「子どもの発達理解」「子ども理解にもとづいた子どもと関わる力」「環境構成力」「保育を立案する力」など，保育者としての専門性が求められる。これらが「子どもが好き」なだけでは，保育者を続けることが難しいといわれるゆえんである。

　しかし，保育という仕事は，「子どもが好き」だからこそ続けられる仕事でもある。保育者が困難にぶつかり，つまずきそうになったときには，「これからも大好きな子どもと関わりたい」という気持ちがあってこそ，その困難を乗り越えることができるからだ。

　また，専門的に見ても「子どもが好き」というのは，保育を進める上で，非常に重要なことである。なぜなら，「子どもが好き」だからこそ，子どもを受け入れて愛情を注ぎ，話に耳を傾け，共感の姿勢を示すことができるからである。このような姿勢は，「カウンセリングマインド」と呼ばれ，子ども理解を図る上で重要なものとして注目を集めている。カウンセリングマインドの姿勢は，人との関わりを育てる上でも重要であり，子どもは保育者に受け入れられ，愛情を注がれてこそ，自己肯定感が育ち，他者への信頼感が育つのである。これらは，子どもの人生に大きな影響を与える力（社会情動的スキル）の育ちにも深く関わっている。

●引用文献

1）文部科学省（2017）『幼稚園教育要領』，フレーベル館，p.14.

2）文部科学省（2018）『幼稚園教育要領解説』，フレーベル館，p.143.

3）文部科学省（2016）「幼稚園，小学校，中学校，高等学校及び特別支援学校の学習指導要領の改善及び必要な方策などについて（答申）」，p.9.（https://www.mext.go.jp/b_menu/shingi/chukyo/chukyo0/toushin/__icsFiles/afieldfile/2017/01/10/1380902_0.pdf　2023年2月28日閲覧）

4）厚生労働省（2018）『保育所保育指針解説』，フレーベル館，pp.3-4.

5）文部科学省（2008）『幼稚園教育要領』，フレーベル館, p.8.

6）文部科学省（2008）『幼稚園教育要領』，フレーベル館, p.8.

● 参考文献

- 文部科学省初等中等教育局幼児教育課（2017）「幼稚園教育要領の改訂について―主な改訂内容―」.
- 厚生労働省社会保障審議会児童部会保育専門委員会（2016）「保育所保育指針の改定に関する議論のとりまとめ」.（https://www.mhlw.go.jp/file/05-Shingikai-12601000-Seisakutoukatsukan-Sanjikanshitsu_Shakaihoshoutantou/1_9.pdf　2023年2月28日閲覧）
- 厚生労働省（2017）『保育所保育指針』，フレーベル館.
- 内閣府・文部科学省・厚生労働省（2017）『幼保連携型認定こども園教育・保育要領』，フレーベル館.
- 文部科学省（2008）『幼稚園教育要領』，フレーベル館.
- 厚生労働省（2008）『保育所保育指針』，フレーベル館.
- 内閣府・文部科学省・厚生労働省（2014）『幼保連携型認定こども園教育・保育要領』，フレーベル館.

第 **4** 章

乳幼児期の
発達

│1│ おおよそ6か月未満における子どもの発達----

　親子関係に始まり，さまざまな人間関係を私たちは生涯にわたって築いていく。けれど，そもそも私たちは，どのように自分とは違う存在である他者と関係を築いているのだろう。この章では人間関係の形成を支える能力の発達を見ていく。

{1} 赤ちゃんは他者によく注意を向ける

　生まれてすぐの赤ちゃんは小さく，弱々しく，まだ何もできないように見える。ヒトの出産は安全を優先するため，本来必要な妊娠期間よりも約1年早く，胎児がまだ小さいうちに産む「生理的早産」の形を取る。これにより胎児は狭い母親の産道を無事に通ることができる。しかし，その分，身体や運動は未熟で自力で動くこともでき

●図表1　顔らしい図形の認識

1. 顔らしい図形　　2. パーツの位置　　3. 空白の図形
　　　　　　　　　　　を入れ替えた図形

（Morton & Johnson〔1991〕『CONSPEC and CONLERN：A Two-Process Theory of Infant Face Recognition』，p.166 より一部改変）

ない。そのような赤ちゃんにとって他者は生きていくためにもっとも重要な存在となる。だが，赤ちゃん側も他者から守られるばかりではない。自発的に他者に注意を向け，関わり，関係を築くための能力をすでに備えている。

　たとえば，新生児は「顔」によく注意を向ける。図表1の図形を生まれたその日の新生児に見せると，ほかの2つよりも顔らしい1番の図形に最も注意を向ける[1]。また，新生児は人の声にも敏感で，生後1〜4日であっても「人の話す声」と，条件を揃えて作成した「人工音」では人の声を好む[2]。

　さらに，他者に注意を向けるだけでなく，赤ちゃんはみずから周囲に働きかけ，他者と関わる機会をつくり出す。その一つが「生理的微笑」である（図表2左）。これは筋肉の動きによって微笑んでるように見える，いわば反射の一つである。生後2か月ごろからは見られなくなり，その後，他者や興味のあるものなどに向けて意図的に微笑む「社会的微笑」が現れる。またほかにも，新生児期には「把握反射」（図表2右）が見られる。こちらも赤ちゃんの手のひらを刺激すると自動的にそれをつかむ反射であり意図的な行動ではない。しかし，生理的微笑も把握反射も，周囲の大人が赤ちゃんをかわいらしいと思い，赤ちゃんと関わるきっかけを生み出す。このようにヒトは生まれた時点ですでに，他者に注意を向け，みずから関係形成を促す社会的な存在であるといえる。

◉図表2　生理的微笑と把握反射

（左：睡眠中の生理的微笑，右：把握反射。生後3日目の様子。筆者の姪を撮影）

考えてみよう①　┊　ヒトならではの特徴

　本節の初めに，ヒトの赤ちゃんは生理的早産により身体的に未熟な状態で生まれると書いた。実際，サルやチンパンジーといった動物の赤ちゃんが母親の背中やお腹に自力でしがみつくのと違い，ヒトの赤ちゃんは自力で養育者にしがみつくことはできない。そのため，一日の多くの時間を養育者に抱かれているか，仰向けに寝かされて過ごす（図表3）。この仰向け寝が，実はヒトの親子のコミュニケーションを独特なものにしていると考えられている[3]。どのような特徴があるのであろうか？

仰向け寝をすることで，ヒトでは養育者と赤ちゃんの見つめ合う時間が長くなる。また，常に母親にしがみつき，ほしいときにミルクをもらう動物の赤ちゃんと違い，仰向け寝のヒトの赤ちゃんはミルクや抱っこを離れた養育者に泣いて伝える。これがその後の言葉のコミュニケーションの土台になるのではないかとされている。一見，不利に見える身体や運動の未熟さが，むしろヒトの親子のコミュニケーションを促している可能性がある。赤ちゃんにできることは少なく思えるが，赤ちゃんの日常の様子をよく観察することで，ヒトの人間関係の特徴が見えてくるかもしれない。

●図表3　仰向けの乳児

（生後2か月の様子。著者の姪を撮影）

{2} 他者の状態を読み取る力

　赤ちゃんはヒトの声や顔に敏感なだけではなく，相手の状態を読み取ることにも長けている。赤ちゃんと関わるとき，赤ちゃんには何が伝わっているのだろう。

考えてみよう② ｜ 赤ちゃんにはわかっている？

　まだ言葉を話せない赤ちゃんの様子を想像してみよう。何かに目を向けたり，手足をバタバタさせたり，ときどき声をあげたり。できることはまだ少なく，何を感じているのかもわかりにくいため，関わり方が難しいこともあるかもしれない。それでも，表情や声かけ，ボディタッチなど，使えるものを工夫して私たちは赤ちゃんと関わろうとする。保育では，赤ちゃんや子どもと関わるときには「目と目を合わせる」こと

がとくに大事にされる。しかし，赤ちゃんは相手が自分を見ていることが本当にわかっているのであろうか？

　たとえば，赤ちゃんは視線から相手が自分を見ているか・見ていないのかを読み取ることができる。ある研究では，生後3日でも赤ちゃんがすでに自分を見ていないよそ見の視線よりも，自分を直視する視線を好むことが示されている[4]。さらに，赤ちゃんは相手の注意の状態に応じて行動を変える。生後3〜6か月のころには，相手が自分を見ていないときよりも自分を見ているときに，赤ちゃんは相手に頻繁に微笑みかける[5]。つまり，相手が自分を見ていれば，赤ちゃん側も相手と積極的に関わろうとするのだ。

　また，相手が自分に応答的に応えてくれることも赤ちゃんにとっては重要である。遊び場面において母親が赤ちゃんを見たまま，急に表情や発声，体の動きを止め，赤ちゃんに応えなくなるだけで，赤ちゃんはすぐに相手の様子に気づき，微笑みが消える，母親から目をそらす，泣くなどの不安を見せる[6]。これは「静止顔効果（still-face effect）」と呼ばれている。赤ちゃんと接するとき，うまく関われているのか，ちゃんとこちらの気持ちが伝わっているのか悩むこともあるかもしれない。しかし，赤ちゃんは相手が自分と目と目を合わせ，応答的に関わってくれていることをしっかり認識している。

　本節では，ヒトの赤ちゃんが生まれたときには，すでに他者と関わるさまざまな備えをもっていることを紹介した。おそらくは大人が思っている以上に，赤ちゃん自身が人間関係をつくる主体になっていることが伝わったのではないだろうか。

---

2 ｜ おおよそ6か月以上1歳未満における子どもの発達 ----

　生後6か月から1歳未満のこの時期は，それ以降の人間関係の核となる愛着が発達し，また，他者とのコミュニケーションの形も大きく変わる。乳児期でももっとも重要とされるこれらの発達の様子を見ていこう。

{1} 愛着について

　エリク・H・エリクソンによれば，ヒトは乳児期から老年期までの各発達段階で，その後の発達や生き方に影響するような課題に直面する。乳児期には「基本的な信頼（愛着）」を形成できるかどうかが発達の課題となる。この基本的信頼とは「自分を肯定し信頼できるか。また，自分を取り巻く他者や社会を肯定し信頼できるか」を意味する。乳児期に子どもは養育者や親しい他者との関わりから食事や睡眠，排泄，触れ

合いなどにおける心地よさや安心感を得る。この経験を重ねることで，子どもにとって他者は信頼できる存在になる。また，この乳児期の愛着は青年期以降の人との関わり方にも影響を与える人間関係の土台となる。

　子どもが愛着対象とするのは血縁者だけではない。安定した保護や養育を与えてくれ，継続的な関係を築ける他者は血縁に関係なく子どもにとっての愛着対象となる。この意味で，保育者も子どもにとっての愛着対象である。

{2} 愛着の発達

　ジョン・ボウルビィは，愛着が次の4つの段階を経て発達するとしている。

①**第1段階**　生後2〜3か月ごろ，まだ特定の人との関係形成は見られず誰に対しても微笑む，手を伸ばす，目で追うなどの行動が見られる。
②**第2段階**　生後6か月ごろ，愛着の芽生えが見られ，日常的によく世話をしてくれたり関わってくれたりする特定の人に対して，より多く声を出したり微笑んだりする。
③**第3段階**　生後6か月以降から2歳ごろ，特定の人が愛着の対象となり，誰にでも示していた親密な反応は少なくなる。自分が安心していられる範囲で特定の人と離れたり接近したりして距離を調節しながら探索したり，遊んだりする。また愛着対象が自分から離れることを嫌がり，後を追う，泣くこともある。
④**第4段階**　3歳ごろ，愛着対象の感情や行動を理解して，それに合わせた行動を取り，協調性にもとづいた関係をつくれるようになる。たとえば，愛着対象が用事で離れることも理解でき，嫌がらず送りだすなどができる。

　これによれば，生後6か月から1歳未満は②と③の段階にあたり，愛着の芽生えと形成が始まる時期である。

　また，この時期は運動発達が進み，6か月ごろにはハイハイができるようになる。これにより乳児は，はじめて物理的に養育者を離れ，環境を探索し多くの事物を経験するが，愛着はこの探索活動にも関連する。メアリー・エインズワースは，愛着が形成されることで養育者が子どもにとって「心地よい安定や保護などを保証した環境」になるとし，これを「安全基地」と呼んだ。安全基地をもつことで子どもは養育者から離れても，「何かあれば助けてもらえる，戻ることができる」という安心感をもって活発な探索活動を行うことができる。つまり，愛着の形成は人間関係だけでなく，乳児の探索活動そして探索を通じた体験や学習といった認知的活動など，多くの面でこの時期の発達を支えている。

{3} 愛着形成と子どもとの関わり

①子どもの愛着タイプ

エインズワースは，ストレンジ・シチュエーション法を用いて，子どもが形成する愛着のタイプを分類している[7]。この方法では，はじめ，観察室という見知らぬ場所で子どもと養育者が一緒にいる状態から，養育者だけが部屋を出て子どもが一人になる，見知らぬ女性が子どものいる部屋に入室する，再び養育者が戻り子どもと再開するなどの場面を設ける（保育所などでのはじめての登園に近い状況かもしれない）。その際の子どもの様子（たとえば，戻ってきた養育者に対して泣く，抱きつく，怒るといった態度を示す，見知らぬ他者からのなぐさめを受け入れるなど）から子どもの愛着を以下の3つに分類することができる。

●図表4　3つの愛着タイプとその特徴

愛着のタイプ	安定型	養育者との分離時に多少の泣きや混乱を示すが，再会時には積極的に身体的接触を求め，すぐに落ち着く。全般的に養育者や他者に対して肯定的な感情や態度を示す。養育者を安全基地として積極的に探索活動を行う。
	回避型	養育者との分離時に泣きや混乱を示すことがほとんどない。再会時には養育者から目をそらす，明らかに養育者を避けようとする行動が見られる。子どもから養育者に抱きつくことはなく，抱っこをやめても，それに対して抵抗を示したりしない。
	アンビバレント型	分離時に非常に強い不安や混乱を示す。再会時には養育者に強く身体的接触を求めるが，一方で養育者に怒りを示し激しくたたくなど，接近と怒りを伴う抵抗という反対の側面が見られる。全般的に行動が不安定で用心深い態度が見られ，養育者を安全基地として探索する行動があまり見られない。

考えてみよう③ ｜ 愛着を育むには

　登園時，養育者と離れるのを嫌がって泣き続ける子，すぐに泣き止んで友達と遊び始める子，すんなりと養育者と離れて一人でいる子。きっといろいろな子どもがいるだろう。前述した「子どもの愛着タイプ」では，一見すると「安定型」だけが愛着のように思えるが，回避型もアンビバレント型のいずれも，子どもが大人に向ける愛着であることに変わりはない。しかし，なるべくならば子どもには周囲の大人を安全基地として，安心感をもって大人と関わったり，環境を活発に探索したりする体験をしてほしいと思う。

　では，そのために私たちは何を意識して子どもと関わればよいのだろうか。後述の②にまとめたように，子どもが形成する愛着タイプは大人側の養育スタイルによって異なるとされている。本文に進む前に，安定した愛着を築くために子どもとの関わり

で何を大切にしたいか自分でも考えてみよう。

②子どもの愛着タイプと養育スタイル

　子どもがつくる愛着のタイプは，養育者の関わり方から影響を受けるとされる[7]。たとえば，「安定型」では，養育者は子どもが示す欲求や状態のサインに敏感で，応答的にそれに応える。また，子どもに対して過剰な，あるいは無理な働きかけをすることが少なく，遊びや身体的接触を楽しむなど関係が協調的であるとされる。「回避型」では，全般的に子どもが発するサインに応じないことや，子どもからの働きかけに拒否的であることが多い。また，子どもの行動を強くコントロールするような一方向的な働きかけが見られる。「アンビバレント型」では，子どもへの応答は子どもの欲求に応じたものというより，養育者の気分や都合に合わせた気まぐれや一貫性を欠いたもので，応答のタイミングが微妙にずれることも多いとされる。

　子どもは乳幼児期から保育者をはじめ多くの他者と関わる。その意味で，養育者の育児だけが子どもの愛着タイプを決めるわけでないことには注意してほしい。しかしながら，前節で紹介した「静止顔効果」や上記の愛着タイプと養育スタイルの例は，子どもとの関係や愛着の形成において私たちが何を大切にすべきかを考える手がかりになるだろう。

{4} 三項関係と共同注意

　すでに見たように，赤ちゃんは他者に自発的に働きかけ，また他者からも応答的に応えてもらうことを好む。この「自分・他者（または物）」の2つを同時に含む関係性を「二項関係」という（図表5上）。二項関係は自分と他者（物）との1対1の関係で

●図表5　二項関係と三項関係

二項関係

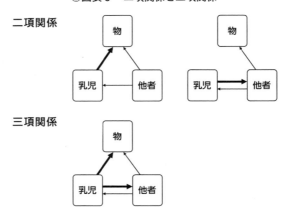

三項関係

ある。そのため，養育者が乳児におもちゃを見せながら「ほら，おもしろいね」と働きかけたとしても，このとき乳児が関係をつくれるのはおもちゃのみ，または養育者のみで，その2つと同時に関わることは難しい。しかし，生後8〜9か月ごろになると，乳児は「自分・物・他者」の3つを含む「三項関係」をつくるようになる（図表5下）。これにより乳児の世界は，養育者がもつおもちゃも，「おもしろいね」と自分に働きかける養育者も同時に含む「物を介した他者との関係」へと広がっていく。

　三項関係の発達に伴って「共同注意」も発達する。共同注意とは他者が見ている物に自分も同じく注意を向けることで，これにより子どもは養育者や保育者が何に注意を向けているのかを理解できる。そして，共同注意ができることで，子どもは物についての経験を他者と共有することもできる。子どもと一緒に登場人物を指さしながら絵本を楽しむことも，共同注意によって成り立つ活動である。

　さらに，共同注意はコミュニケーション以外の活動とも関連する。その一つは言語学習である。たとえば，「ワンワンいるね」と大人が子どもに伝えるとき，まわりにはイヌ以外のいろいろなものがあるはずだ。しかし，大人が何に注意を向けながら「ワンワン」といっているのかを認識することで，子どもは「ワンワン」という言葉と実物のイヌを結びつけることができる。

　また，共同注意により相手の注意を理解することは，相手が何に興味をもっているのか，相手が何を好きなのかといった，相手の心の状態を予測するための知識，つまり「心の理論」（本章第6節で紹介）へとつながっていく。ほかにも，共同注意によって子どもは他者を通じて物事を学習することができるようになる。子どもはよく遊びの最中に周囲の大人を振り返り，自分がもっている物を見せながら，相手の様子をうかがうような行動をすることがある。このとき，子どもはその物を見ている大人の表情や様子から「これは安全」「これは触らないほうがよい」といった物の評価や情報を学習している。これを「社会的参照」という。

　三項関係や共同注意は乳児のコミュニケーションを広げるだけでなく，言葉や学習

といった多くの重要な能力の発達を支える，いわば乳児期の発達のキーポイントなのである。

3 | おおよそ1歳における子どもの発達----------

ヒトとほかの動物の違いを考えたとき，言葉を話すことができるという特徴をあげる人も多いだろう。子どもは1歳を過ぎるころには言葉を使い始め，よりヒトらしい特徴を備えるとともに，コミュニケーションも言語を介したものへと変わっていく。また，子どものなかに「自己」が芽生え，一個人としてのその子らしさが見えてくるのもこの時期である。ここではその発達について見ていこう。

{1} 前言語から言語へ

子どもは約1歳ごろから言葉を使い始める。ここでは少し時間を遡って，子どもが言葉を使うようになるまでの準備期間を追っていきたい。

はじめに，なぜそもそもヒトは，ほかの動物と違い，複雑な言語音を出せるのだろう。それはヒトの喉のつくりの特殊さによる[8]。図表6はサルとヒトの新生児，成人の喉の構造を示している。図中の○印は喉頭腔と呼ばれる場所だが，サル類と新生児ではこの場所が空間的に狭く，成人では広いことがわかる。この場所が広いことで声帯の振動を共鳴させやすく，より複雑な音声をつくることができるのだが，サルや新

●図表6　サルとヒトの喉の構造

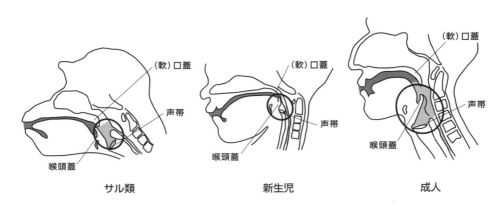

サル類　　　　　　　　新生児　　　　　　　　成人

（西村剛〔2010〕「霊長類の音声器官の比較発達—ことばの系統発生」『動物心理学研究』, 60(1), p.53より一部改変）

生児ではそれがまだ難しい。しかし，サル類と違い，ヒトでは生後3か月を過ぎるころから身体の成長とともに喉頭腔が広がり，複雑な音声を出すことができるようになる。これがヒトの言語能力の基礎である。

　次に，言葉を話し出すより前の前言語期の発達を3つの段階に分けて見ていく。

①**0〜2か月ごろ**　この時期の発声は「泣き」が中心である。赤ちゃんは空腹や喉の乾きなど，自身の生理的欲求を満たしてもらうために泣く。このころ赤ちゃんは，まだ自分がどのような状態なのかを自分で認識できていないとされる。しかし，周囲の大人が泣きに反応して，「お腹がすいたかな？」「おむつが汚れてるかな？」と赤ちゃんに働きかけることを繰り返すことで，赤ちゃん側も次第に自分の状態がわかってくる。

②**生後3か月ごろ**　泣くことが少なくなり，その代わり，周囲に話しかけられたり，働きかけられたりしたときに喉を鳴らすような「クーイング（喉音）」を出すようになる。この発声は母音に似ていて，高低の調整ができ15〜20秒ほど維持することができる。またほかにも，人の話す声に反応し，クスクスと笑うような声や，子音に近い音も出せるなど，発声のレパートリーが増えていく。

③**生後6か月ごろ**　「だーだー」といった母音を繰り返すような言語に近い発声ができるようになる。これを「喃語」という。喃語はその後，さらに音の繰り返しが増え，イントネーションや強調がはっきりとすることで，より言語に近い形になっていく。

　上記のように，生後3か月ごろからの喉頭の変化に合わせて，乳児の発声は複雑で言語に近いものへと変わっていく。そして，それは次第に音声ではなく言葉としての発声になり，およそ1歳ごろには「ワンワン」「マンマ」など，はじめて意味のある言葉が出る。これを「初語」という。
　また初語以降，子どもの言葉の獲得はゆっくり次第に進むわけではなく，1歳半を過ぎるころから使える単語の数が急激に増え，2歳を迎えるころには200〜300語を超えるくらいにまで増える。この急激な語彙の獲得を「語彙爆発」という。しかし，大人は一つひとつの言葉を「これはリンゴ。これはお皿」とあらたまって子どもに教えるわけではない。なぜ，このような学習ができるのだろうか。子どもがこれだけ多くの単語をすばやく学習する仕組みには謎が多いが，前節で紹介した共同注意の能力を生かしながら，大人と物を介した日常的な関わりや遊びをすることが子どもの語彙学習を促していると思われる。このように生後1年を過ぎるころには表情や身振り手振りだけではなく，言葉が子どもとの関係をつくっていく。またそれと同時に，子どもとの日常的な関わりが子どもの言葉を育てていくのだ。

考えてみよう④ ｜ 発達の個人差

　「うちの子，言葉が遅いんでしょうか……」。もし，保護者にそう聞かれたら，あなたならどのような言葉をかけられるであろうか？　子どもがいつ言葉を話し出すかは，養育者にとっても気がかりなことの一つである。今の世の中には，子育てや発達の情報があふれているので，「○歳までにはこれができる」といったメッセージに養育者が不安になるのも当たり前かもしれない。

　しかし，発達には個人差がある。保育所保育指針などで「おおよそ」○歳と表記されているのは，この発達の個人差を反映しているからなのである。先ほど，初語が出るのは約1歳ごろと紹介した。これはあくまで「平均的」な発達である。

　次に紹介する初語の発達に関するデータをもとに，発達の個人差について考え，それをどう保護者に伝えられるか想像してみよう。

　図表7は保育園児219名の養育者へのアンケートから初語の表出時期をまとめたものだ[9]。これを見ると，初語が現れた平均月齢は12.7か月だが，全員の養育者が「子どもが初語を話した」と回答する月齢（図の累積率100％にあたる月齢）は19か月ごろで，平均とは半年以上の開きがあることがわかる。テキストや雑誌，インターネットなどに書かれた子どもの発達の姿は多くの場合「平均的」な姿であって，実際にはあらゆる能力や行動の発達には個人差がある。またもちろん，発達は早ければよいというわけでもない。

　だが，保護者にとってみれば子どもの発達が順調かどうかはとても大切なことで，上記の研究でも養育者の4割程度が子どもの初語が16か月時点で現れないことを「遅い」と感じることが報告されている。保護者に子どもの発達を伝えるのは保育者の役

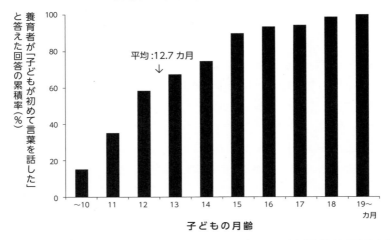

●図表7　初語の表出時期の個人差

養育者が「子どもが初めて言葉を話した」と答えた回答の累積率（%）

平均：12.7 カ月

子どもの月齢　カ月

（吉岡豊・土佐香織〔2014〕「定型発達児と言語発達障害児における初語の調査」『新潟医療福祉学会誌』, 13(2),
p.17より一部改変）

割の一つだが，平均的な発達だけを伝えることが保護者を悩ませることもあるかもしれない。個人差も含めた実際の発達の様子を伝えられるよう発達に関する知識を確認しておくことも大切だろう。

{2}　自己の発達

　人間関係には自分と自分以外の他者が含まれる。他者と関係を築くには，自分がどのような人間かを知り，その上で自分と他者は何が似ていて，何が違うのかを理解することが必要になる。では，子どもはいつから「自分」についての意識や理解をもつのだろうか。

　自分自身の感情や思考，見た目，能力など，自分に関する知識を「自己概念」という。たとえば，私たちは鏡に映る自分の姿を見て，それが自分だと認識できる。これは「自己鏡映像認知」と呼ばれる自己概念の一つである。ある研究では生後3か月〜2歳までの子どもがこの自己概念をもつかどうかを調べている[10]。もちろん，小さい子どもに鏡を見せて「これはあなた？」と言葉で聞くことは難しいので，マークテストと呼ばれる方法を使った。このテストでは子どもの顔にこっそり口紅などで印をつけておく。鏡を見たときにその印に触れば，それは子どもが鏡の映像を自分と認識した証拠となる。この研究では子どもが自己鏡映像認知を示すのは18か月〜2歳ごろとされている。

考えてみよう ⑤ ｜ 子どもの自尊心

　発達の途中にいる子どもには当然，できないことや難しいこともたくさんある。給食で飲み物をこぼしてしまった，トイレが間に合わずおもらしをしてしまった……そんなとき，保育者はどう接したらいいのだろう。忙しいときなどは，つい「あら，おもらししちゃったの。着替えようか」などと，ほかの子たちの前でいってしまうこともあるかもしれない。まだ小さいから，子どもはそれを気にしないのだろうか？

　次に紹介する研究を参考に，乳児期の自尊心や子どもの「失敗・できない・間違えちゃった」への対応の仕方を考えてみてほしいと思う。

　ケーガン（Kagan）は「自身の能力に関する理解」という形で子どもの自己概念の発達を調べている[11]。この研究では，13か月～36か月の子どもに実験者がいくつかのおもちゃの操作を見せ，子どもにも「同じように遊んで」と促す。しかし，おもちゃの操作は，あえて子どもには難しいものが用意されていた。このとき，小さい子どもは失敗するのがわかっていてもおもちゃを操作しようとする。しかし，18か月を過ぎるころ，子どもはそれを嫌がり，泣く，拒否するなどの反応を見せるようになった。つまり，このころには，子どもは自分の能力を理解し，できないことを人前でするのを恥じたり，嫌がったりするようになる。これは自分を肯定的に評価したいと思う「自尊感情」がすでに18か月ごろには芽生えていることを意味する。「自分の失敗や間違いをほかの子には知られたくない」，そんな子どもの自尊心を理解した関わり方が必要だといえる。

4 おおよそ2歳における子どもの発達 ----------

　1歳後半の自己の芽生えを土台に，2歳ごろには一般的にイヤイヤ期と呼ばれる時期に突入し，自律や自己主張が強まっていく。この時期，子どもはどのような自己の発達ならびに他者への関わりを見せるようになるのだろう。

{1} しつけと自律

　本章第1節でも紹介したエリクソンの発達理論では，幼児期初期の発達の課題を「自律性」としている。身のまわりのことは何でも大人がしていた赤ちゃん時代とは違い，子どもへと発達し始めるこのころには，食事や排泄，着替えなど自分のことは自分でできるように大人は子どものしつけを始める。はじめは大人にいわれたからやっていたことを，子ども自身が次第に「自分のルールやきまり」として行うようになることを「自律」と呼ぶ。

　ここで少し「しつけ」という言葉の意味を考え直してみたい。しつけと聞くと，教え込む，厳しくする，間違いを正すなど，大人側が子どもに何かを強いるイメージがあるかもしれない。また，しつけが行き過ぎれば体罰や言葉での叱責につながる可能性を心配する人もいるかもしれない。

　岡本は，「しつけ」の本来の意味を「しつけ糸」，つまり着物や洋服を縫うときに，布がずれたり縫い目が曲がったりしないように仮縫いするための糸に例えている[12]。このしつけ糸は着物や服が完成すれば不要になり外してしまう。子どものしつけもこれと同じで，いつまでも大人が決めたルールや決まりを守らせるのではなく，いつかそれが不要になるように，子どもを自律へと導くのがしつけなのだと岡本は述べている。子育てや保育で子どものしつけに関わる大人にとって，これはとても大切な考え方なのではないだろうか。

考えてみよう⑥ ┊ 自己主張はわがまま？

　2歳ごろの子どもには，多くの人が「イヤイヤ期で大変な時期」というイメージをもつかもしれない。インターネットやSNSで子育てブログや漫画をのぞけば，イヤイヤ期のエピソードが山のように出てくる。
　たとえば，「エレベーターのボタンを押したかったのに！」「おもちゃを自分で片づ

けたかったのに！」などはよいほうで、「ドーナツの“穴”を食べたい！」という、どうすればいいのかわからないような主張もあって筆者は笑ってしまった。しかし、養育者にとっては困り事で、イヤイヤ期の子どもの自己主張は「やっかいなわがまま」ととらえられることもあるだろう。今のあなたは、子どもの自己主張にどのようなイメージをもっているだろうか。本文を読む前に思い浮かべてみよう。そして、子どもの自己主張の意味を知った後と比べてみてほしいと思う。

{2} 自己主張とは

　自律性が発達の課題となるこの時期、子どものなかでは自我の発達が進み、自分の意思を表現し行動として実現しようとする「自己主張」が強くなっていく。自己主張に対して、自分の欲求や意思を抑制して行動をしないように制止する能力を「自己抑制」という（本章第6節も参照、p.106）。自己主張は行動の実行、自己抑制は行動の制止であり、ちょうどアクセルとブレーキのような働きをもつ。だが、この2つはどちらも自分がすべきと思う行動を自分の意思で行う点で自己の発達と関わり、この2つを合わせて「自己制御（自分がどのように行動に関わるかを考え、行動をコントロールする能力）」という[13]。

　1〜2歳ごろの自己主張は、「使いたいおもちゃを友達に貸さない」など自分の要求を押し通したり、突き飛ばす、噛みつくなどの攻撃的な行動や不快な情動の表出を伴ったりもする。しかし、自己主張には、本来「自分から友達を遊びに誘う」「不公平なことに対して意見をいう」といった協調的・交渉的な役割があり、対人関係を円滑にする「社会的スキル」の一つとされている。社会的スキルとは、「自分だけではなく相手にとってもプラスになるような対人関係の目標を考え、目標達成のために相手の様子を読み取り、それに合わせて交渉や説得といった相手への関わり方を選び、言葉や表情を調整して適切に行動する能力」のことである[14]。この社会的スキルが働

くことで，たとえばおもちゃを巡る友達とのいざこざでも，「使いたいおもちゃを友達に貸さない」ではなく「今は自分がおもちゃを使いたいが，もう少ししたら交代するから待ってほしい」と伝えることができるようになる。

　図表8は，金山らが幼児の社会的スキルを測定するために作成した質問紙の抜粋である[15]。これにおいても社会的スキルには自己統制（自己抑制と類似のもの）だけでなく自己主張が含まれること，また自己主張のスキルはむしろ子どもの能動的で活発な対人関係の特徴を示していることがわかる。また，子どもの自己主張は年齢によって少しずつ変化する。2歳前後には不快表情の表出が増えるが，それは次第に減少し，2歳後半ごろには情動や行動を制御した発話や交渉的な表現など，社会的スキルの芽生えといえる行動が増えていく[16]。

　金山らも3歳児よりも4〜6歳児で主張スキルが高いことを報告している[15]。つまり，2歳ごろの子どもは周囲との衝突やイヤイヤを重ねながら，社会的スキルとしての自己主張を練習している途中であり，それによって次第に自分の意見や要求を他者に伝える方法を身につけていくのである。

●図表8　幼児の社会的スキルの例

自己主張スキル	友達をいろいろな活動に誘う 自分から仲間との会話をしかける 簡単に友達をつくる 指示しなくても，遊びや活動の集団に加わる 不公平なルールには適切なやり方で疑問を唱える　など
自己統制スキル	仲間から嫌なことをいわれても，適切に対応する 批判されても，気分を害さないで気持ちよくそれを受ける 仲間と対立したときには，自分の考えを変えて折り合いをつける 仲間とのいざこざ場面で，自分の気持ちをコントロールする　など

（金山元春ら〔2011〕「幼児用社会的スキル尺度（保育者評定版）の開発」『カウンセリング研究』，44(3)，p.211より一部を抜粋し著者が作成）

{3} 共感の発達

　上述した自己主張に加え，自己の発達は他者への共感とも関連する。他者の立場に立って相手の悲しみやよろこび，痛みや苦悩といった感情や状態を理解し，相手と同じようにそれを感じることを「共感」という。また，共感と似たものに「同情」がある。この2つは他者の感情や状態を理解する点では同じだが，同情は必ずしも相手と同じような感情や状態を感じるわけではない[17]。たとえば，何かひどい経験をした友人を見て，（たとえそれが自分には関係のない経験だったとしても）友人の感じている悲しみや怒りを同じように感じることは共感だが，友人に対して（自分自身の感情として）相手への心配や気遣いを感じることは同情にあたる。つまり共感とは，自分と他者を区別した上で，自分自身の感情や状態に関係なく，他者の感情や状態を他者の立場で

理解することといえる。

　共感の芽生えは新生児期から見られる。たとえば，ほかの赤ちゃんが泣いているのを見て自分もつられて泣く「情動伝染」は，その一つである。しかし，これは上記の共感とは異なり，まだ自分というものの確立やそれによる自己と他者の区別ができていないため，他者の感情に巻き込まれてそれを自分の感情のように体験している状態である。

　ホフマン（Hoffman）によると，共感の発達はこの自他の区別のない状態から始まる[18]。はじめ，赤ちゃんは他者の感情や状態を自分のもののように感じ，たとえば，他者が泣くのを見て泣き出す，落ち着こうと自分の指をしゃぶるなどの反応を見せる。その後1歳ごろには，次第に自分と他者の感情や状態の違いに気づくようになるが，まだ自他の区別は十分ではなく，泣いている友達のところに自分の母親を連れて行く，自分のお気に入りのおもちゃを見せるなどする。2歳ごろになると，自分と他者が違うことがわかるようになり，他者に合わせた方法で他者をなぐさめるような行動が見られるようになる。そして，児童期後期にはその場だけの感情や状態だけでなく，貧困など他者の境遇をふまえた他者への共感をもつようになる。

第**4**章

乳幼児期の発達

考えてみよう ⑦ ｜ 共感の練習

　保育では，子ども同士のいざこざを人間関係を学ぶ機会と捉える。たとえば，AちゃんとBちゃんのけんかの場面で保育者は，「もし，AちゃんがBちゃんだったら，どう思うかな？」「どうしてBちゃんは，あんなことをいったのかな？」と，子ども同士が互いの気持ちを想像できるようにしたり，子どもの気持ちを引き出したり，うまく伝えられない気持ちを代弁したりすることで，子どもたちが自分でいざこざを解決するサポートをしていく。

このとき，保育者の言葉で子どもは自然と共感の練習をすることになる。自分と相手が違う存在だとわかった上で，相手のことを想像するのは，それほど簡単ではない。しかし，それを手助けしてくれる保育者がいて，自分とは違う他者が大勢集まる保育所は，子どもにとって共感の練習をする格好の場なのではないだろうか。

5 おおよそ3歳における子どもの発達

　厚生労働省のデータによると，2019（令和元）年度においては，98万人の3歳児のうち約95％にあたる93万人の子どもが保育所，幼稚園，認定こども園のいずれかに就園している[19]。つまり，3歳のこのころは，生活においても家族以外の他者との人間関係が本格化する時期といえる。

{1} 遊びを通した人間関係

　養育者や保育者など大人との関わりが中心となる乳児期とは違い，3歳ころは同年齢の他者との関わりが増え，さらに，二者間から集団へと人間関係が広がっていく。とくに，遊びはそのような人間関係を経験するよい機会である。ミルドレッド・パーテンは，2歳未満から4歳11か月までの園児42名を対象に，朝の1時間の自由遊びを観察し，子どもの遊びを社会的参加度によって分類した[20]。それによると以下の段階を経て，子どもの遊びは一人で行うものから他者を含む遊びへと変わっていく。

① 　遊びではない。ぼんやりとして何もしていない行動
② 　一人遊び。ほかの子どもと関わらず一人でする遊び
③ 　傍観的行動。ほかの子どもの遊びを傍観する
④ 　平行遊び。似たおもちゃをもっているが，ほかの子とは別々に遊んでいる
⑤ 　連合遊び。遊び道具の貸し借りや，ほかの子と関わりはあるが，役割や組織化がない遊び
⑥ 　協同遊び。一緒に物をつくる，ゲーム遊びをするなどの役割のある組織的な遊び

　パーテンによれば，一人遊びや平行遊びが3歳にかけて減る一方，他者との関わりを含む連合遊びは2歳半から3歳にかけて，またルールや役割分担を含む協同遊びは

3歳半から4歳にかけて増えていく。

●図表9　3歳ごろの遊びの様子（電車ごっこの様子）

　連合遊びや協同遊びが増えるのに伴い，遊びのなかでいざこざが起きる機会も増え
ていく。たとえば，3歳児におけるいざこざの原因の分類から，「遊びの一環（遊びの
最中に悪意なく行った行動や相手への否定）」がいざこざの原因の53.8％を占めることを
示した報告もある[21]。遊びは，一見自由な行動に見えるが，それぞれが自分のしたい
ことだけを押し通せば成立しない。楽しい遊びの時間を続けるためには，互いの意見
や要求を適切に伝え合う社会的スキルとしての自己主張（前節を参照）が求められる。
　柏木は，3〜7歳児700名の観察から自己主張の発達を検討している[13]。そのなか
でも「遊びたいおもちゃを友達が使っているときに"貸して"と言える」「遊びたい
友達を自分から誘って遊べる」「ままごと遊びやごっこ遊びなどで自分に決められた
役割ができる」「ごっこ遊びなどでやりたい役が言える」「好きなおもちゃ，遊びたい

●図表10　自己主張の発達

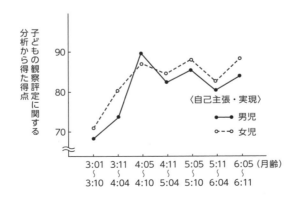

（柏木惠子〔1986〕「自己制御（self-regulation）の発達」『心理学評論』，29(1)，p.15より一部抜粋のうえ改変）

おもちゃを選んで取れる」など，遊び場面における自己主張の例が多く見られる。また柏木は，月齢による男児・女児それぞれの自己主張および実現（自分の要求や意思を行動として実行すること）の変化を示しているが（図表10），これによれば自己主張は3歳以降から4歳にかけて発達していくことがわかる。

{2} 自分の情動に対処する

①情動調整の発達

　遊び場面におけるいざこざを始め，他者との関係のなかで子どもは怒りや悲しみ，とまどい，よろこびなど，さまざまな情動を経験する。「情動（emotion）」とは，短期間続く一時的で激しい感情の動きを指し，表情や身振り，発言などの行動や，発汗や心拍などの生理的反応として現れる。情動によって起きる行動や反応には，怒りによる他者への攻撃のようによくない影響を対人関係に与えるものもある。また，相手が悲しんでいる場面でよろこびなどのポジティブな情動を示すことも対人関係には負の影響を与える。そのため対人場面では，自分が感じている情動を客観的に評価して，それを場面や文脈に合った適切なものに調整して表すことが必要になる。これを「情動調整」という。また，情動調整の手段には，自分の力だけで行う調整（内在的情動調整）と，援助やなぐさめなどの他者の力を借りて行う調整（外在的情動調整）がある[22]。

　情動調整の発達は，幼児期にはすでに見られるが，調整の仕方は年齢によって変化していく。坂上は，1歳半児と2歳児を対象に「自分では開けられない箱のなかにおもちゃがある」という軽いフラストレーションを感じる場面での情動調整を調べている[23]。その結果，1歳半では2歳よりも養育者に援助やなぐさめを求める外在的情動調整が見られたが，2歳では自分で箱を探索して問題解決をしようとする内在的情動調整が見られた。

　また，金丸らは，おもちゃを使った自由遊び中，時間が来たらおもちゃを片づけ遊びを止める場面において2歳児と3歳児の情動調整を観察した[24]。その結果，3歳児では2歳児よりも，自分自身で気を紛らわす行動（たとえば，周囲を歩き回る，ほかの物に注意を向ける）や，おもちゃ遊び以外の活動に自発的に参加するといった外在的情動調整が見られた。

　しかし，3歳では，まだ情動調整に他者の力を必要とすることもある。たとえば，「遊びの仲間に入れない」といったつまずきに遭遇したとき，3歳では保育者に気持ちを伝え，保育者の助けを借りて遊びの仲間に入る行動が見られる。対して，4歳では遊びたい気持ちを自分自身で友達に伝える，また，遊びを拒絶されてもそれを保育者には伝えず，自分で気持ちを調整する様子が見られる[25]。4歳ごろでは，自分の気持ちをあえて人に言わない場合もあるため，周囲が子どもの様子に目を向けておく必要もあるかもしれない。

②子どもの情動への関わり方

考えてみよう⑧ ┃ 子どもの気持ちにどう関わるか

　すでに見たように，情動調整には他者の力を借りて行うものと自力で行うものがあり，子どもの年齢によって調整の仕方は変わる。そのため，子どものつまずきや気持ちに保育者がどのように関わればよいかは，子どもの年齢によっても異なるはずである。たとえば，ある子どもがほかの子との遊びに入れず，独りでさみしげにしていたとする。子どもが3歳のとき，または4歳のときで，それぞれどのような関わり方をするのがよいだろうか。また，その関わり方の背景には，どのようなねらいが想定できるだろうか。

　3歳から4歳にかけての情動調整の発達に応じて，保育者側の関わり方にも変化が見られる。田中は，保育者が，まだ外在的情動調整を必要とする3歳児よりも，内在的情動調整ができるようになる4歳児に対して，子どもにあえて関わらない見守りの行動を取ることを示している[25]。ここでの「関わらない」とは，意図的にその場を離れる，他児に任せる，近くにいるが話しかけないなどを指す。関わり方の選択は意図なく行われているわけではなく，「幼児同士の関係づくりのため」「幼児の力を引き出すため」「幼児の感情への配慮」といったねらいをもとに選択されていることが保育者へのインタビューから示されている。

　さらに，保育者の見守る行動には，実際に子どもの内在的情動調整を促す働きがあることも示されている。たとえば，ある事例で保育者は「遊べずにいる子どもに気づくが話しかけない」という行動を取った。その背景には「子どもに声をかけて，逆に悲しい気持ちにさせてもよくないと思ったため」という子どもの気持ちへの配慮が

あったが，このような行動の結果，子どもは「一人で遊びを始める」ことができている。悲しみや不安といった子どもの情動に大人が関わることはたやすい。しかし，子どもが自分で自分の情動に向き合い，それを調整する方法を学ぶことも人間関係の形成には大切なことだといえる。

---

6 | おおよそ４歳における子どもの発達 ----------

４歳ごろには友達とのつながりが強くなり，周囲の人の気持ちを察したり自分の気持ちを抑えたりすることもできるようになる。また，決まりの大切さに気づき，それを守ろうとするなど，社会や集団で生きるために必要なことも身についていく。その背景にはどのような能力の発達があるのだろうか。

{1} 自己抑制の発達

本章第４節（p.98）で紹介したように「自己主張」に対して，自分の欲求や意思を抑制し行動しないように制止する能力を「自己抑制」という。自己主張が３歳以降から発達することは前節で見たが，自己抑制はいつごろ発達するのだろうか。

柏木によれば自己抑制には次の４つの特徴が含まれる[13]。一つめは「おもちゃを使う順番を待つ」「おやつが配られるのを待つ」といった自分の要求を我慢する・待てる力，また「してはいけないと言われたことはしない」「課題に沿った制作や絵を書

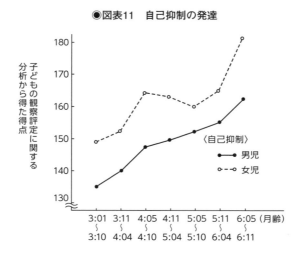

●図表11　自己抑制の発達

（柏木惠子〔1986〕「自己制御（self-regulation）の発達」『心理学評論』, 29（1）, p.15より一部抜粋のうえ改変）

いたりつくれる」などのルールや制止に従う力,「悲しいこと,悔しいこと,つらいことなどの感情をすぐに爆発させず抑えられる」などのフラストレーション耐性,そして「課せられた仕事を(つまらなかったり,難しくても)途中で放り出さずに,最後までやり通す」といった根気・持続的な物事への対処である(図表8の自己統制スキルも参照のこと)。柏木は,これらの自己抑制が4歳以降から6歳を過ぎても発達し続けることを示している(図表11)。

考えてみよう ⑨ ｜ 「まだできない」こともある

　ここでもう一度,自己主張と自己抑制の発達について考えてほしい。自己主張が3歳ごろには発達するのに対して,自己抑制が発達するのは4歳ごろ,つまり1年ほど発達時期に違いがある。ここからどのような子どもの姿が見えてくるだろうか。

　この発達の時間差から想像できるのは,自分の要求や意見を表現する自己主張は発達していても,我慢する・決まりに従うといった自己抑制が十分発達していないため,それを実行するのが難しい時期が子どものなかにあるということだ。

　「友達のおもちゃがほしくて取ってしまう」「友達といざこざになりかみついてしまう」など,「どうして我慢ができないのだろう」と思う場面が子どもにはたくさんあると思う。こんなとき,大人はつい「聞き分けのない子」と評価してしまうかもしれない。しかし,「我慢しない」ことと,発達的に「まだ我慢できない」ことは同じではない。この違いを知ることは,保育や子育てにとって大切なことなのではないだろうか。

{2} 他者理解の発達

　もし，棚の上にあるおもちゃを取ろうとして背伸びをして手を伸ばす子どもを見たら，あなたは何を考えるだろう。「あの子はおもちゃがほしいのだろう」と子どもの気持ちを想像するかもしれない。けれど，この場面で実際にあなたが目にするのは子どもの行動や表情だけだ。子どもの心のなかを直接見ることはできない。それでも私たちは他者の行動からその心の状態をおおよそ予測できる。この，他者の行動とその行動の背景にあると思われる心の状態に関する理解や知識を「心の理論」という。ここでいう「心」には感情だけではなく，「欲求（おもちゃがほしい）」や「目的や意思（おもちゃを取りたい）」「信念や知識（おもちゃが棚の上にあると思っている・知っている）」などが含まれる。

　すでに見たように，生後8〜9か月ごろの共同注意の発達によって，乳児は他者の注意状態を読むことができるようになる（本章第2節を参照，p.88）。さらに，12か月ごろには子どもは特定の対象を指さした後，大人がそれに注意を向けるかを確認するような行動や，大人の注意の向き先を変えるような行動を見せる。これは子どもが他者を，自分とは違う興味や関心をもっていて，意図的に行動できる存在だと認識していることを意味する。この点で，共同注意の発達は心の理論の土台になると考えられている[26]。

　心の理論の理解にはいろいろなレベルがあり，3歳ごろには他者の欲求の理解（相手の食べ物の好みが自分と違っていても，相手が何を食べようとするかが予想できるなど）が見られる[27]。また，もう少し複雑な他者の心の理解として「誤信念」の理解がある。誤信念の理解とは，「他者には他者の信念や知識があり，それが自分のもつ信念や知識，また現実の事実とは異なる場合がある」とわかることで，これを調べる方法を「誤信念課題」という。この誤信念課題の一つは次のようなものだ。

　子どもにサリーとアンという2人の女の子が登場する人形劇を見せる（次頁の図表12）。子どもは劇のなかで，「サリーは自分のビー玉をカゴにしまってから外に遊びに行く。しかし，アンはそのビー玉をサリーの知らないところで，こっそりカゴから箱に入れ替えてしまう」様子をひと通り見る。その後，「外から戻ってきたアンはカゴと箱のどちらにビー玉を探しに行くか」をたずねられる。劇をひと通り見ていた子どもは，「ビー玉は箱のなか」にあることを知っている。だが，サリーの信念や知識（ビー玉がカゴにあると思っている）が自分の知識・信念や実際の現実とは違うことをわかった上で，サリーの立場でサリーの信念を答えられるかが問題になる。

　3歳なかばではサリーの信念を理解できる子どもは約50%だが，4歳以降ではその理解が可能になる[28]。これをもって4歳ごろには，誤信念を含む心の理論が獲得されたと考えられる。

●図表12　誤信念課題の一つである「サリー・アン課題」

(Frith, U〔1989〕『Autism：Explaining the Enigma』, p.83より一部改変)

{3} 日常場面に見る心の理論

　心の理論の発達は，子どもの日常の行動にも見ることができる。たとえば，ごっこ遊びもその一つだ。ごっこ遊びでは，「お母さん役」や「先生役」を演じるために，自分とは違う他者の考えや感情を想像しなければいけない。「こんなとき，お母さんならどうするか，何をいうか」を想像して，リアリティをもって演じることが必要になる。また，ごっこ遊びのなかでは自分以外の子どもも，本当の自分とは違う他者を演じている。他者（友達）が演じている役割としての他者（お父さん役や子ども役）がどのようなキャラクターなのかを探りながら，自分自身も他者を演じつつ，会話ややり取りを成立させていかなければならない。

　小川らは，3〜6歳児を対象に誤信念課題の成績とごっこ遊びの関連を調べている[29]。ごっこ遊びは実験者と子どもの1対1のハンバーガー屋さんごっこで，そのなかで子どもが客や店員などの役割をうまく切り替えられるか，役に合わせた行動が取れるか

などが評価された。その結果，誤信念課題の成績とごっこ遊びの評価得点に関連があることがわかった。また，小川らは，役割遊びの練習をすることが誤信念課題の成績を向上させることも報告している。

　ほかにも，「うそをつく」ことも心の理論を必要とする。「自分は事実を知っているが，相手は事実を知らない」ことを理解した上で，事実とは違う情報を相手に伝えなければうそにはならない。これはまさに「誤信念」の理解である。ある研究では，3歳児と4歳児を対象にチョコレートをめぐる対戦ゲームを行った[30]。このゲームではうまくうそをついて相手にチョコを取られなければ，チョコは子どものものになる。その結果，3歳では難しいが，4歳ではうまくうそをつくことができた。うそをつくこと自体はよくないことかもしれないが，その背景には他者の心の理解の発達が隠れている。

---

7 おおよそ5歳における子どもの発達----------

　自己主張や自己抑制，心の理論も次第に発達し，子どもはますます社会的な存在になっていく。小学校という新しい環境に向かう直前のこのころ，子どもはどのような発達を見せるのだろうか。

{1} 道徳観の芽生え

　エリクソンの発達理論によれば，運動的にも精神的にも活発な幼児期後期の発達課題は「自主性」である。自主性が強まることで，子どもは失敗を重ねてもめげずに試行錯誤を繰り返し，好奇心も強くなっていく。また，集団で活動することも増えるなか，子どもは保育者や身近な大人を手本や理想として，いろいろなことを積極的に学んだりまねをしたりするようになる。そうすることで，次第に社会におけるルールや道徳観，価値観などを学んでいく。

考えてみよう⑩ ┊ 子どもの道徳性

　幼稚園教育要領などに示されている「幼児期の終わりまでに育ってほしい姿（10の姿）」にも，「して良いことや悪いことが分かる」「きまりを守る必要性が分かる」といった「道徳性・規範意識の芽生え」が含まれている。
　しかし，大人が考える道徳性と子どものなかで発達している道徳性は少し違う。た

とえば，子どもが「わざとおもちゃを壊した」場合と，「うっかりおもちゃを壊した」場合，あなたはそれぞれどう対処するであろうか。おそらく「わざと」の場合をより悪いことだと判断するだろう。しかし，子どもには，まだそれを理解するのは難しいかもしれない。どういうことなのだろうか？

　ジャン・ピアジェによれば，4歳以降から道徳性の芽生えが見られるようになる[31]。ただし，子どもの道徳性は，はじめから大人と同じというわけではない。子どもの道徳性は，「規則や規範は親や先生などの権威のある人が決めた絶対的なもの」といった，大人への一方的な尊敬や，権威への服従による他律的なものから始まる。これを「他律的道徳観」という。たとえば，「守らないと叱られてしまうから規則を守る」などがそれである。

　しかし，10歳ごろからは次第に，「規則や規範は絶対的なものではなく，お互いの合意の上で他者と協同して変えていける」と考える自律的なものへと変わっていく。これを「自律的道徳観」という。この道徳観には，互いへの尊重や協同が含まれる。たとえば，遊びのなかで，走るのが遅い子が不利にならないように，本来のルールを話し合って変えていくことは，自律的道徳観といえるだろう。

　他律的道徳観による子どもの行動は大人にとってみれば一見，「言いつけを守るよい行動」に見えるかもしれない。また逆に，自律的道徳観による子どもの行動を「言いつけと違う勝手なことをしている」と思うこともあるかもしれない。大人による「よい・悪い」の評価で，子どもの道徳性を判断しないよう気をつけなければいけない。

　また，ほかの研究でも子どもの道徳観が大人とは異なることを示している[32]。4，5歳児を対象とした調査では，子どもに2つのお話を聞かせる。はじめのお話は，「女の子がきれいな画用紙をもっている。女の子が画用紙を置いて出かけている間，ある

男の子が"その画用紙を女の子のものと知らずに"いたずら書きをしてしまう」というものだ。対して2つめの話は，前半部分は一つめと同じだが，男の子は"その画用紙が女の子のものと知っていて"いたずら書きをしてしまう。実験者の質問で，子どもは，それぞれの男の子が画用紙の持ち主を知っていたか・知らなかったかをきちんと理解していることが確認された。しかし子どもは，わざと画用紙にいたずら書きをした男の子を，知らずにいたずら書きした男の子よりも「悪い」とは判断しなかった。つまり，4〜5歳ごろは，まだ大人のように他者の意図にもとづいた道徳判断をするわけではないようだ。

{2} 感情に関する能力

①感情の発達

感情表現や他者の感情理解も人間関係においては大切である。マイケル・ルイスによれば（図表13），生後3か月ごろには「満足」の状態から「よろこび」，また「苦痛」の状態から「悲しみ」・「嫌悪」，そして「興味」の状態から「驚き」といった感情が現れるようである。そして，生後6か月ごろには「悲しみ・嫌悪」から「怒り」・「恐れ」が派生するとされ，基本的な感情がひと通り獲得される[33]。また，1歳半ごろには「照れ（自分のイメージと違うことをしてしまった不快感）」や「羨望（ほかの人がもっている何かがほしい）」「共感（他者の立場に立てる）」が，さらに2〜3歳ごろには「誇り」や「恥」など，「他者から見た自分」を意識した際に感じられる感情が発達していく[33]。

●図表13　子どもの感情の発達

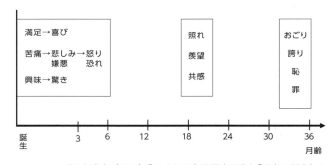

（川上清文〔2016〕「ルイスの自己発達理論」『子育て研究』，6，p.5を参考に作成）

②他者の感情理解

他者の感情についても，すでに2歳ごろには基本的な理解が始まるようだ。櫻庭らは，2〜4歳の子どもに，「よろこび」「悲しみ」「怒り」「驚き」の4つを表す感情語（ニコニコしている，うれしくて笑っているなど）と，その語に合った表情のイラストを選ばせる調査を行っている[34]。その結果，2歳でも「よろこび」と「悲しみ」について

は正答率が6割を超えており，3歳では「よろこび」「悲しみ」「怒り」のいずれも正答率は8割以上，さらに4歳ではこの3つの表情について9割を超える正答率だった。

これに対して，状況にもとづく感情理解の発達は少し時間がかかる。笹屋は，4歳，5歳，小学生および中学生を対象に，さまざまな状況を表す動画から登場人物の「よろこび」「悲しみ」「怒り」を想像できるかどうかを調べた[35]。たとえば，「怒り」動画は「遊んでいたおもちゃを友達に無理矢理とられる」，「悲しみ」動画は「楽しみにしていた遠足が雨で中止になる」といったシーンである。その結果，状況による他者の感情理解は4歳ではまだ正答率が低く，5歳ごろからできるようになることがわかった。表情などと違って状況は，他者の感情を直接示すものではないが，5歳以降であればそのようなあいまいな手がかりだけでも他者の感情を推測することができるようになる。

③感情と言葉

感情は感じるだけではなく，それを言葉で表現し，人に伝えることも必要だ。気持ちを言葉でうまく表現できないことで誤解をまねいたり，暴力やケンカなどのトラブルにつながったりすることもある。感情と言葉に関する能力には，いろいろなものがあるが，その一つに「自他の感情を適切に理解し表現する能力」である「感情リテラシー」がある。この能力には，「感情を表現するための語彙（ボキャブラリー）をもつ」ことが含まれていて，感情語彙を豊かにすることで感情リテラシーも向上するとされている[36]。

では，子どもの感情語彙は，どのように発達するのだろうか。浜名らは2～5歳の子どもに，「よろこび」「驚き」「怒り」「嫌悪」などを表すストーリーを呈示した[37]。たとえば「驚き」を表すストーリーは，「ゆーくんがトイレに行きました。トイレのふたを開けると，あひるさんが泳いでいました。ゆーくんはみんなを呼びに行きました」というものである。その後，子どもに「○○ちゃんがゆーくんだったらどんな気持ちになるか」をたずねる。このとき，子どもがどれだけ感情語彙を使うかを調べたところ，2歳よりも3～5歳で使える感情語彙が多いことが示された。

また興味深い研究として，感情語彙の多さが子ども同士の人間関係に影響することも示されている。ファベス（Fabes）らは，4～5歳半の子どもの調査から，感情語彙を多く使う子ほど自分や他者の感情について言及することを報告している[38]。とくに「楽しい」などのポジティブな語彙をよく使う子は，自分の気持ちの表現をすることが多かった。また，「怒り」や「悲しみ」といった感情語彙をよく使う子は，ほかの子の感情に敏感で，ほかの子が感じる気持ちの原因や理由を言葉で説明したり，質問したりすることも多い。さらに，そのような子どもは，ほかの子どもからの好感度も高く，円滑な人間関係を築くことが示されている。感情を言語化するスキルは，幼児期の人間関係からすでに大事な役割を果たしている。

{3} 他者と自分の比較

　周囲の人と自分を比較することで自分自身の能力や意見を評価し，自分自身を把握しようとすることを「社会的比較」という。園でも友達と一緒に制作をしたり，運動をしたりすることで，「○○ちゃんは，私より絵がうまい」「△△ちゃんは，私より走るのが遅い」など，自分と他者を比較する機会もあるだろう。子どもの社会的比較は，小学校入学後の児童期から始まるとされていたが，渡辺らは5〜6歳児でも社会的比較があることを示している[39]。運動や芸術といったいろいろな領域で，子どもは友人との比較から自分の能力を評価していた。しかし，おもしろいのは，自分が友人よりも劣っていると判断した場合でも，子どもは「悲しい」ではなく「うれしい」と答えている点である。渡辺らはこれについて，子どもが，友人よりも劣っている悲しさや劣等感を感じるよりも，優れた友人を参考とすることで，自分の能力を高め，前向きな自己評価を維持しようとしているのではないかと考えた。その意味で，子どもにとって友達は単に一緒に遊ぶ相手以上に，心理的な支えとしての役割をもっているのではないかとも述べている。

　一般的に，小学校入学後には授業やテストによる成績評価が始まることで，子どもは他者と自分の比較から劣等感をもちやすくなることがある。だが，幼児期後期のこのころに，社会的比較をポジティブに捉え，自分より優れた友人に対して「自分も友達みたいになろう」と受け止めることができるのなら，それは子どもにとって大きな強みになるだろう。たとえば，友達と得意なことを教え合う，苦手なことを友達に助けてもらう，そのような経験からでも得られることがあるかもしれない。

　本章では人間関係に関わる発達心理学の知識を紹介した。保育の勉強では，実践的な技術だけでなく発達の基礎知識を学ぶ。しかし，もしかすると，ピアノや制作，読み聞かせ，日常的な養護の技術に比べて，発達の知識は実際の保育の場ではあまり役立たないように思えるかもしれない。

　筆者の個人的な体験を話すと，最近「発達を勉強していてよかったな」と思うことがあった。著者にはいま 3 か月になる姪がいるのだが，姪の身振りや様子を見ていて，「寝ている間にニコッと笑う新生児微笑が見られるよ」とか，「もうすぐ自分の手をじっと見るような動きが出てくるよ（これはハンドリガードといって，赤ちゃんが自分の体を発見している状態です）」とか，「バラバラだった両手の動きが揃ってきた。そろそろ手で物をもてそうだね」というように，姪の行動の意味が理解できたり，これから何ができるようになるか予測ができたりするのである。また，それを伝えることで，姪の養育者（筆者の妹）が「今日も自分の手を見てたよ」「最近，寝ながら笑わなくなった」と子育てのなかで小さな発見をしている様子も，著者にとってはうれしいことであった。

　あらためて，発達の知識というのは子どもの今の発達を理解し，これから先の発達を見通す「地図」のようなものだなと思った。地図があれば旅行中に観光名所を楽しみ，道に迷わず先へ移動できるのと同じで，発達の知識があれば子ども理解も深まり，子どもとの関わりや観察もいっそう楽しめる。そして，次に起こる発達に向けて見通しをもって準備をすることや，養育者に発達の道案内をすることもできる。これから保育の旅に出る学生の皆さんにとって，本書が発達の地図の一つになることを期待している。

第**4**章 乳幼児期の発達

●引用文献

1 ）Morton, J. & Johnson, M. H.（1991）CONSPEC and CONLERN：A Two-Process Theory of Infant Face Recognition. *Psychological review*, 98（2）, pp.164-181.

2 ）Vouloumanos, A. & Werkerm, J. F.（2007）Listening to language at birth：evidence for a bias for speech in neonates. *Developmental Psychology*, 10（2）, pp.159-164.

3 ）松沢哲朗（2011）「親子―人間は微笑み，見つめ合う（第 3 章）」『想像するちから』，岩波書店，pp.43―56.

4 ）Farroni, T., Csibra, G., Simion, F. & Johnson, M. H.（2002）Eye contact detection in humans from birth. *The Proceedings of the National Academy of Sciences*, 99（14）, pp.9602-9605.

5 ）Hains, S.M.J. & Muir, D.W.（1996）Infant Sensitivity to Adult Eye Direction. *Child Development*, 67（5）, pp.1940-1951.

6 ）Tronick, E.Z., Als, H., Adamson, L., Wise, S. & Brazelton, T. B.（1978）The infant's response to entrapment between contradictory messages in face-to-face interaction. *Journal of the American Academy of Child & Adolescent Psychiatry*, 17, pp.1-13.

7）Ainsworth, M., Blehar, M., Waters, E. & Wall, S.（1978）Patterns of attachment. Hillsdale, N. J.: Lawrence Erlbaum Associates.

8）西村剛（2010）「霊長類の音声器官の比較発達―ことばの系統発生―」『動物心理学研究』, 60（1）, pp.49-58.

9）吉岡豊・土佐香織（2014）「定型発達児と言語発達障害児における初語の調査」『新潟医療福祉学会誌』, 13（2）, pp.15-19.

10）Amsterdam, B.（1972）Mirror self-image reactions before age two. *Developmental Psychobiology*, 5（4）, pp.297-305.

11）Kagan, J.（1981）The Second Year: The Emergence of Self-Awareness. Harvard University Press.

12）岡本夏木（1995）『小学生になる前後―5〜7歳児を育てる―』岩波書店, pp.51-54.

13）柏木惠子（1986）「自己制御（self-regulation）の発達」『心理学評論』, 29（1）, pp.3-24.

14）坪田雄二（2017）「コミュニケーション・スキル論」深田博己編著『心理学的コミュニケーション論への招待―コミュニケーション心理学―』, 北大路書房, pp.205-218.

15）金山元春・金山佐喜子・磯部美良・岡村寿代・佐藤正二・佐藤容子（2011）「幼児用社会的スキル尺度（保育者評定版）の開発」『カウンセリング研究』, 44（3）, pp.216-226.

16）野澤祥子（2011）「1〜2歳の子ども同士のやりとりにおける自己主張の発達的変化」『発達心理学研究』, 22（1）, pp.22-32.

17）板倉昭二・開一夫（2015）「乳児における共感の発達―その認知基盤と神経基盤―」『心理学評論』, 58（3）, pp.345-356.

18）Hoffman, M. L., 菊池章夫, 二宮克美訳（2001）『共感と道徳性の発達心理学―思いやりと正義とのかかわりで―』, 川島書店（Hoffman, M. L.（2000）. Empathy and moral development: Implications for caring and justice. Cambridge: Cambridge University Press）.

19）厚生労働省子ども家庭局保育課（2021）「保育を取り巻く状況について」, p.29.

20）田中國夫・田淵創（1977）「幼児の遊びの発達―異年齢集団における自由遊びの観察―」『関西学院大学社会学部紀要』, 35, pp.61-69.

21）田中洋・阿南寿美子（2008）「いざこざの発生と解決過程の発達的検討―3歳児と4歳児との比較―」『大分大学教育福祉科学部研究紀要』, 30（2）, pp.171-180.

22）金丸智美（2017）「乳幼児期における情動調整の発達」『淑徳大学研究紀要（総合福祉学部・コミュニティ政策学部）』, 51, pp.51-66.

23）坂上裕子（1999）「歩行開始期における情動制御―問題解決場面における対処行動の発達―」『発達心理学研究』, 10（2）, pp.99-109.

24）金丸智美・無藤隆（2006）「情動調整プロセスの個人差に関する2歳から3歳への発達的変化」『発達心理学研究』, 17（3）, pp.219-229.

25）田中あかり（2015）「幼児のつまずき場面における幼稚園教師の「敢えて関わらない行動」の働き―幼稚園3歳児学年と4歳児学年の発達的変化に応じて―」『保育学研究』, 53（3）, pp.44-55.

26）Tomasello, M.（1995）Joint attention as social cognition. In C. Moore & P. J. Dunham（Eds.）, Joint attention: Its origins and role in development（pp.103-130）. Lawrence Erlbaum Associates, Inc.

27）東山薫（2007）「"心の理論"の多面性の発達―Wellman＆Liu尺度と誤答の分析―」『教育心理学研究』, 55（3）, pp.359-369.

28）佐久間路子（2017）「なぜ3歳児は誤信念課題に正答できないのか―第2世代の心の理論研究の概観から―」『白梅学園大学短期大学紀要』, 53, pp.1-14.

29）小川真人・高橋登（2012）「幼児の役割遊び・ふり遊びと「心の理論」の関連」『発達心理学研究』, 23（1）, pp.85-94.

30）Russell, J., Mauthner, N., Sharpe, S. & Tidswell, T.（1991）The "windows task" as a measure of strategic deception in preschoolers and autistic subjects. *British Journal of Developmental Psychology*, 9, pp.331‑349.

31）小嶋圭子（2016）「道徳性の発達支援─心理学的知見の活用─」『愛知教育大学研究報告』, 65, pp.117‑125.

32）ayashi, H.（2010）. Young children's moral judgments of commission and omission related to the understanding of knowledge or ignorance. *Infant and Child Development*,（19）, pp.187‑203.

33）川上清文（2016）「ルイスの自己発達理論」『子育て研究』, 6, pp.3‑8.

34）櫻庭京子・今泉敏（2001）「2～4歳児における情動語の理解力と表情認知能力の発達的比較」『発達心理学研究』, 12, pp.36‑45.

35）笹屋理恵（1997）「表情および状況手掛りからの他者感情推測」『教育心理学研究』, 45, pp.312‑319.

36）塚原望（2019）「言語を用いた「感情表現」に関する研究の動向」『早稲田大学大学院教育学研究科紀要別冊』, 26（2）, pp.55‑64.

37）浜名真以・針生悦子（2015）「幼児期における感情語の意味範囲の発達的変化」『発達心理学研究』, 26（1）, pp.46‑55.

38）Fabes, A.R., Eisenberg, N., Hanish, DL. & Spinrad, TL.（2001）Preschoolers' Spontaneous Emotion Vocabulary：Relations to Likability. *Early Education and Development*, 12（1）, pp.11‑27.

39）渡辺大介・湯澤正通（2012）「5，6歳児における社会的比較と自己評価」『教育心理学研究』, 60（2）, pp.117‑126.

● 参考文献

• 村井潤一編著（1986）『発達の理論をきずく（別冊発達4）』, ミネルヴァ書房.

• 坂上裕子・山口智子・林創・中間玲子（2014）『問いからはじめる発達心理学』, 有斐閣.

• 若井邦夫・高橋義信・高橋道子・堀内ゆかり（2006）『グラフィック乳児心理学』, サイエンス社.

• 清水益治・森敏昭（2013）『0歳～12歳児の発達と学び ─保幼小の連携と接続に向けて─』, 北大路書房.

第5章 他者との関わりから考える「人間関係」

---

1 自立心を育む

{1} 自立心と領域「人間関係」との関連性

　「自立心」は、「幼児期の終わりまでに育ってほしい姿」の一つであり、「身近な環境に主体的に関わり様々な活動を楽しむ中で、しなければならないことを自覚し、自分の力で行うために考えたり、工夫したりしながら、諦めずにやり遂げることで達成感を味わい、自信をもって行動するようになる」[1]とされている。

　「自立心」は、領域「人間関係」の「ねらい」や「内容」と深く関連している。たとえば、子どもが一人で砂場遊びをしていれば、周囲の友達が「一緒に遊ぼう」と声をかけ合うことで仲間が増えていく。仲間の一人が「大きなダムをつくろう」といって合意があれば、ダムづくりに移行していく。そのなかで「小さいスコップよりも大きいスコップのほうが深く穴が掘れる」とか、「ダムには水を入れる必要があるよね」とか、「じゃあ、どうやって水を入れようか」などとダムをつくるために考えたり、工夫したりするなかで、あきらめずにやり遂げようとする。ダムが完成すると「やった」「すごい」などと達成感を共有する。また、「ダムをつなげる川をつくろうよ」と仲間がいうと、「じゃあ川をつくろうか」などと川づくりに発展し、遊びが継続していく。

　砂場という環境で主体的に活動を楽しむなかで、どうすれば深く大きなダムをつくれるのか考えて行動する姿から、領域「人間関係」の「ねらい」の「(1) 幼稚園生活を楽しみ、自分の力で行動することの充実感を味わう」、「内容」の「(2) 自分で考え、行動する」[2]につながることがわかる。また、ダムに水を貯めるために考えたり、工夫したりするなかであきらめずやり遂げるために行動する姿、ダムができあがり達成

感を共有する姿から，領域「人間関係」の「ねらい」の「(2) 身近な人と親しみ，関わりを深め，工夫したり，協力したりして一緒に活動する楽しさを味わい，愛情や信頼感をもつ」「内容」の「(4) いろいろな遊びを楽しみながら物事をやり遂げようとする」「(5) 友達と積極的に関わりながら喜びや悲しみを共感し合う」[3] につながることがわかるだろう。

{2} 事例で見る自立心の育ち

　本節では，事例を通して子どもの「自立心」の育ちについて考えていく。「自立心」は0歳児から少しずつ育まれていく。そのため，ここでは0歳児から5歳児の事例まで幅広く取りあげて説明していく。

①0歳児の自立心の育ち

> **事例①｜園生活ってたのしいな♪**
>
> （0歳児，5月）
>
> 　はじめて保護者から離れて，はじめての先生に，はじめての集団生活。入園当初は，はじめて尽くしで不安な気持ちから泣く時間の多かったみにばら組の子どもたち。安心できるように，なるべく特定の保育者が関わって抱っこをしたり，ふれあい遊びをしたりして1か月が過ぎたころには笑顔がたくさん見られるようになった。
>
> 　最初は苦手だったトネリコ広場や園庭にも少しずつ慣れていき，①ずりばいやハイハイができるようになったり，伝い歩きや歩行ができるようになったり，手を振ったり，拍手をしたり，本当にたくさんのことができるようになった。②今では気になるものを見つけて探索活動を楽しんでいる。「○○くんおいで〜」と呼びかけると，それぞれの移動方法で来てくれる。保育者のところまでこれたら，ギューッと抱きしめて，自分でこれたことをみんなでほめて「もっと歩きたい！」「またハイハイしたい！」と思えるようにしたい。これからも遊びを通して，子どもたちのいろいろな成長に関わっていきたい。
>
>

• 事例にみる乳児の自立心の芽生え

　自立心の育ちというと，年中児や年長児になってから育つものと思っていないだろうか。乳児は養育者に依存するだけで，自立心の育ちはないのではないかと思っていないだろうか。確かに，乳児期は養育者に多く依存するが，自立心の芽生えも見られるのである。

　下線部①は，保育者の援助によって入園時の不安を少しずつ解消し，園生活を楽しむようになっていくなかで見られた姿である。ずりばいや伝い歩きなどの方法で，自分で移動しようとする姿である。自立心は，自分の意志で自分なりに行動することである。また①では，子どもはずりばいや伝い歩きなどのさまざまな方法で移動している。この姿は，自分が移動したいところに，自分なりの方法を選択して移動しようとする姿であり，「自分がしたいことをしてみようとする」という自立心の芽生えが見られる。

　下線部②は，子どもが探索活動を楽しんでいると書かれている。探索活動とは，文字通り，子どもが自分の興味や関心をもったものを探したり触れたりする行為である。探索活動を通して，子どもはさまざまな経験をし，いろいろな力を伸ばしていく。こうした活動の背景にも，「自分がしたいことをしてみようとする」という自立心の芽生えが見られる。なぜなら探索活動は，誰かに指示されてするのではなく，自分がやりたいことをやりたいようにする活動だからである。自分がこれをやりたい，という考えや思いがなくては始まらない活動なのである。

• 乳児の自立心を育むために

　乳児期は，子どもの欲求や表現に対して，保育者が応答的に関わることで，子どもとの間に信頼感が芽生え，愛着が形成される。子どもと保育者の間に愛着形成ができると，子どもにとって保育者は安全基地のような存在となる。安全基地を頼りにしつつ，子どもは安心して自分のやりたいことを見つけ，自分なりに方法を選択し，自分の思いを実現する経験を積んでいくことができる。こうして乳児にも自立心が芽生えるようになる。

　保育者は，周囲の環境に働きかけるような物的環境を準備することや，受容的・応答的な関わりによって愛着関係を形成できるような人的環境としての役割が重要である。

②２歳児の自立心の育ち

事例② ｜ 自分でやってみよう！

（２歳児，11月）

　週末の金曜日のためカラー帽子のもち帰り，給食がカレーライスのある日。戸外遊びのあと部屋に帰ってきたら，帽子をいつものロッカーではなくカバンのなかに入れ，エプロンをもっている子には，エプロンをつけるよう事前に伝えてから戸外遊びに行った。お部屋へ帰ったあと，①「せんせー！　カバンのなかにいれたー！」「エプロンもつける！」と自信に満ちあふれた表情で教えてくれた子。いつも通り帽子をロッカーのなかに片づけている子。どちらも決して間違いではなく，②一人ひとり自分で考えてしっかり行動できている姿が見られた。

　保育者は，まず子どもを待って見守り，今日はどうするんだっけ？　と自分で考えて気づけるような声かけを心がけている。待つ・見守るということは，子どもたちが成長するチャンスにもなる。衣服の着脱や履き物をそろえるなど，自信をもって身のまわりのことに取り組めるよう援助する場面を見極めながら関わっていきたい。

• 事例にみる２歳児の自立心の芽生え

　２歳児は，何でも「自分でやってみる」と挑戦する時期である。これはイヤイヤ期とも呼ばれ，自我が強く育っているのである。

　下線部①では，保育者の援助によって戸外遊びから帰ってきた際には「帽子はカバンのなかにいれる」「給食を食べるときはエプロンをつける」といった姿である。この姿は，身支度を主体的に取り組もうとする姿であり，「自分の力でやってみたい」という意欲の表れである。これらの姿から「自立心」が育っていることがわかる。

　下線部②では，「自分で考えて行動することができている」と書かれている。自分で考えて行動するということは，園生活を送るなかで見通しをもって行動する力が育っているのである。たとえば，制作活動をする際には，スペースを確保するために事前に片づけを済ませておくなど，自分がしなければならないことを自覚し，行動することで「自分で考えて行動する」力が育つのである。これらの姿には，「自立心」の内容が含まれていることがわかる。

• 2歳児の自立心を育むために

　2歳児の「自立心」の育ちは，自我の芽生えとともに育っていく。2歳児は「自分でやってみる」と何でも挑戦する時期であるが，すぐに「やって」と保育者に甘えるなど，自立と甘えの間を行き来し，そのなかで「自立心」が育っていく。そのため，大人がすぐに手を貸したり，先まわりして援助すると「自立心」の育ちを妨げることとなる。そこで保育者は，子どものやろうとする意欲を十分に認めることが重要となる。そのなかで，共に考えたり，ときにはモデルを示したり，できたことをほめることで達成感を共有することが大切である。また，子どもが見通しをもって行動できるように，一人ひとりに応じてその日の生活の流れを意識できるように掲示物を工夫したり，声かけしたりするなどの援助によって「自立心」はさらに育っていく。

③3歳児の自立心の育ち

事例③ ｜ 大きな模造紙を使って

（3歳児，6月）

　ホールに集まると縦5メートル，横1メートルほどの模造紙が置かれている。その横にはさまざまな色の絵の具や円柱状の木，ビニール紐の束などが用意されている。子どもたちも興味津々な様子である。「今日は，この模造紙に絵の具やマジックを使ってお絵描きをしたいと思います」と保育者の声かけがあると，子どもたちの明るい表情が見られた。「では，マジックを使って自由にお絵描きをしましょう」と声がかかる。たくさんある油性フェルトペンのなかの，どの色にするか選ぶ様子があった。①油性フェルトペンで「横に塗る書き方もあるよ」「丸を描く」「お友達の顔を描く」と友達や保育者と話し合う。油性フェルトペンを使いながら，色の違い，もち方，使い方などにも気づいているようである。

　絵の具を使った活動では，先ほど解いたビニール紐に絵の具をつけたり，手足を使ったりしながら活動を展開していた。手の平にたくさんの絵の具をつけて，キレイな手形のスタンプを残すにはどのようにすればよいのか，②何度も何度もくり返し試している様子である。手につける絵の具の量を工夫し，手のひらにくまなく絵の具を塗ることが大切であることに気づいた様子が見られた。

• 事例にみる3歳児の自立心の芽生え

　3歳児の「自立心」の育ちは，主体的に環境に関わり，自ら考え，試行錯誤するなかで育っていく。事例では，大きな模造紙に絵を描くことや手形スタンプを押す活動のなかで，自ら考え，試行錯誤することで「自立心」が育っている。

　下線部①では，大小さまざまな大きさや色の油性フェルトペンでお絵描きを進める様子がある。友達や保育者との関わりのなかから，油性フェルトペンの色の違いやもち方，塗り方の違いにも気づき，自分の思い通りに絵を描くためにはどうすればよいのか，自分の力で行うために考えて工夫する姿がうかがえる。これらの姿から「自立心」が育っていることがわかる。

　下線部②では，絵具を手につけて手形スタンプを押す様子がある。上手に押すために何度も手形を押す様子から，手形を上手に押すためにどうすればよいか考え，工夫している。また，何度も挑戦する姿から，上手に押したいという気持ちの実現のために，あきらめずにやり遂げようとする様子が見られる。これらの姿からも「自立心」が育っていることがわかる。

• 3歳児の自立心を育むために

　3歳児の「自立心」は，自ら考え，工夫し，試行錯誤するなかで育っていく。そのため保育者は，子どもたちが自ら考え，試行錯誤できるように工夫して保育を行う必要がある。たとえば，事例のように活動に使う素材も多種多様なものを準備することで子どもたちが自ら考え選び，試行錯誤することにつながるのである。また，保育者が先まわりして「こうしたらいいよ」と声かけするのではなく，「どうすればいいかな？」「こうしたらよいかもしれないね」と，子どもたちが自ら考えることができるように声かけする援助が重要となる。しかし，少し難しい課題に挑戦するが，子どもが途中であきらめそうになることもあるだろう。保育者には，子どもがあきらめずにやり遂げる体験を支える必要がある。そのためには，考え工夫し，何度も挑戦したり，友達や保育者の応援やがんばりを認められることで達成感を味わうことが重要である。このような過程を通して，あきらめずにやり遂げ，達成感を味わうなかで，子どもの「自立心」はさらに育っていく。

④5歳児の自立心の育ち

事例④	そつえん制作 ―楽しかった幼稚園―

（5歳児，3月）

子どもたちの身近のものとなった飛沫防止用のアクリル板。年長児最後の松岡先生

とのアートは，このアクリル板を使い，幼稚園で楽しかったことを絵に描き，表現を楽しんだ。グループで何を描くかを相談し，それぞれテーマを決め，下絵をもとに制作をした。今回使ったのはアクリル絵の具で，乾くと耐水性になるのが特徴である。子どもたちも，いつもの水彩絵の具と違う表現ができることがおもしろく，夢中でパレットに絵の具を出していた。

みんなで何かをつくることは経験していたが，①あるグループでは友達の作品に重ねてしまったり，友達が描いたものに追加したりしてしまったが，みんなで考えて，試行錯誤しながら行った。保育者は，子どもたちの描きたい表現，自分でしたいという気持ちを十分に受け止め，相談しながら完成に向けて進めていった。また，子どものアイデアを生かす方法を松岡先生と相談し，一緒に考えて，それを子どもたちに伝えてみると，たくさんのアイデアが出てきた。②「ここはこうしたら？」「この色の絵の具でお花になりそう！」とみんなの意見がでてきた。楽しい活動となり，子どもたちのイメージしたものが一つの形となり，みんなでやり遂げた達成感を感じられた。

作品は卒園式の当日，ホールロビーに展示した。大好きな楽しかった幼稚園をテーマに，子どもたちが考えて工夫した素敵な作品となっていたので，みんなで楽しむことができた。

• 事例にみる5歳児の自立心の芽生え

5歳児の「自立心」の育ちは，仲間と共通の目標を共有し，仲間の一員として自ら考え，試行錯誤するなかで育っていく。事例では，飛沫防止用のアクリル板を利用し，幼稚園で楽しかったことを思いおもいに表現し，グループの仲間と協同して活動することで「自立心」が育っている。

下線部①では，「各グループで決めていたテーマに沿っていない絵をおのおので描いてしまう」という出来事が起きた。しかし，再度グループで共通の目的を確認し，相談するなかで，みんなで成し遂げるために自ら考え，試行錯誤する姿が見られる。これらから「自立心」につながる関わりであることがいえる。

下線部②では，「ここはこうしたら？」「この色の絵の具でお花になりそう！」と思いを伝え合ったり試行錯誤したりしながら，好奇心や探究心をもって関わる様子がうかがえる。また，「子どもたちのイメージしたものが一つの形となり，みんなでやり遂げた達成感を感じられた」姿から，保育者や友達の力を借りたり励まされたりしながら，自分の力でやってみようとするなかで，考えたり，工夫したり，グループで協力

したりしながら，あきらめずにやり遂げる達成感を味わう様子がうかがえる。これらからも「自立心」につながる関わりであることがいえる。

・5歳児の自立心を育むために

このように5歳児の「自立心」の育ちは，仲間と共通の目標を共有し，仲間の一員として自らの課題として考え，試行錯誤し，それらを達成するなかで育っていく。そのため保育者は，一人ひとりのよさが伝わるように工夫したり，クラス全体で認め合える機会をつくるなどの援助が重要となる。そのなかで，自分自身の役割に気づき，一人ひとりが仲間の一員として自己発揮するようになるのである。しかし，子どもたちが集団で自己発揮しながら活動するなかで，互いの主張がぶつかり合うこともあるだろう。その際，保育者は，それぞれの主張を十分に受け止め，共通の目的の実現のために十分に話し合い，トラブルが生じそうなことを予想し，援助することが重要である。また，子ども同士が試行錯誤しながら，共通の目的を実現しようとする過程をていねいに捉えたい。保育者が適切な言葉がけすることで，協力することの大切さ，共通の目標を達成するために，自ら考え，試行錯誤することの大切さに子どもたちは気づいていく。これらの過程を通して「自立心」が育っていくのである。

{3} 自立心の育みを通して

「自立心」は0歳児から少しずつ育まれていく。そのため，「自立心」の育ちは急に現れるものではなく，子どもが主体的に環境に関わるなかで，自ら考え，試行錯誤することで，徐々に育っていくのである。

この時期に育まれた「自立心」は，社会で生きる上でも重要な力となる。たとえば，期日までに書類を提出しなければいけない際，途中であきらめずにやり遂げることで完成させることができる。また，チームで職務を遂行することもあるだろう。その際には，仲間の一員として自ら考え，試行錯誤することで，大きな成果をあげることができるのである。

このように「自立心」は，その人がよりよく人生を生きる上で重要な力なのである。これらを念頭に置き，大切に育てる必要がある。

2 協同性を育む

{1} 乳幼児期における協同性

　乳幼児期における協同性とは，「友達と関わる中で，互いに思いや考えなどを共有し，共通の目的の実現に向けて，考えたり，工夫したり，協力したりし，充実感をもってやり遂げるようになる」[4] ことである。

　単に，クラスみんなで活動をするということで育まれていくことではない。たとえば，クラスみんなで発表会という行事を行う。その行事に向けて，保育者が提案したテーマや台本にそって毎日みんなで保育者の指示のもと活動していく。そして，発表会の本番を間違わないように行う。発表会が終わったあと，果たして子どもたちには協同性が育まれたのだろうか。

　確かに，みんなで取り組んだ経験はしている。しかし，その内面，つまり子どもたちの気持ちはどうだろう。「やった！　みんなで取り組んで大成功！」というような達成感だろうか。それとも，「はあ，やっと終わった」という開放感だろうか。発表会に向けての活動のなかで，また友達との関わりのなかで，子どもたちが自発的に互いに思いや考えを共有していただろうか。考えたり，工夫したりという経験ができていただろか。

　『幼稚園教育要領解説』には，「協同性が育まれるためには，単に他の幼児と一緒に活動できることを優先するのではない。他の幼児と一緒に活動する中で，それぞれの持ち味が発揮され，互いのよさを認め合う関係ができてくることが大切である」[5] と示されている。友達と関わる場を設けるだけではなく，そのなかで子ども同士が向き合い，自分の思いを伝え合い，それらを行動していくことが乳幼児期における協同性なのである。

　こうした経験の積み重ねから，子ども同士や子どもと保育者の信頼関係が構築されていく。そして，構築された信頼関係において，さらに共に活動する楽しさを実感し，共通の目的をもって生活するよろこびが育まれていくのである。

　すなわち，協同性とは，場をつくるだけで育まれるものではなく，保育者や友達と一緒に過ごしていくなかで信頼関係が築かれ，それぞれが自己発揮しながら，思いを共有し育まれていくものなのである。

{2} 協同性を育む園生活の捉え方

　では，乳幼児における協同性の機会を保育者はどのように構築し，それらの経験が育まれるようにしていく必要があるだろうか。

　協同性を育むというと，とにかくみんなで一緒に活動する経験の場をつくることだと思われるかもしれない。実は園生活の日常には，子どもが協同性を育む場面がたくさんある。

事例 ⑤ ｜ うさぎ当番

（5歳児，6月）

　今日はりんごグループがうさぎの飼育当番であった。さっそくグループのメンバー4人が集まって掃除を始めた。

　今日は，とくにウサギ小屋が汚れていた。当番のユウくん，ソウマくんががんばって床をデッキブラシでこすったが，なかなか終わらない。餌の用意をすませたナオちゃんが「えー，まだ〜」と不満そうに伝えると，ユウくんは「だってなかなか落ちないよ」と答えた。ごみを集めていたシホちゃんが「じゃあ，水をもっと流そうか」とホースの水を流した。ナオちゃんも「じゃあ，私もごしごしするから〜」とデッキブラシをもってきた。「落ちてきた！」と4人は伝え合いながら掃除を進めた。

　そして時間はかかったが，きれいになり，戻ってきたうさぎもうれしそうに動きまわる姿を見て，4人で「大成功！」と顔を見合わせた。

　上の事例では，子どもたちのどのような行為が，協同性が育まれていると捉えられるだろうか。まず，自分なりの考えをまとめてから，引き続き解説を読んでほしい。

　もちろん，仲間と「うさぎ当番」という課題に取り組んでいるところは協同性を育む経験に当たるだろう。この事例では，えさを用意する，床を掃除するなどの役割の分担が見られる。このように活動のなかで仲間と話し合って決めているところは協同性を育んでいると捉えられる。相談して協力して一つの課題に取り組んでいるからである。

　さらに，なかなか汚れが落ちないという困りごとについて，水を流す，手伝うなどの方法を見いだしている。つまり，子どもたちは困りごとを解決するために思考力を働かせ，それらを共有して解決しているのである。そして，無事困りごとも解決し，自分たちのやるべきことも終了したところで，顔を見合わせていることから，一緒に活動して終えることができた達成感を味わっている。

このように，少人数でも何気ない場でも子どもたちは目的を共有したり，課題を解決したりしながら，協同性を育んでいるのである。保育者が「早く」と急がせたり，すぐに解決法を伝えてしまうと，子どもたちで試行錯誤する機会が奪われ，さらには保育者の指示通りに行動することにより，みんなで成し遂げたという達成感を得る機会が奪われてしまう。何気ない園生活のなかでも協同性は育まれている。そのような機会を保育者は奪わないことが大切である。

{3} 協同性を捉える　─個と集団─

さて，さまざまな場面で育まれていく協同性だが，その過程において，常に子どもたちが同じ目的を共有しているとは限らない。

たとえば，一人の子どもがなんとなく始めた遊びがおもしろくて，まわりにいた子どもたちもまねをし始めた。気がついたら，遊びの展開について「もっとこうしよう」と意見を出し合っていた。そして，いつの間にか共通の目的をもっていたということもある。

また最初から，「こうしよう」と相談して遊びを展開していたが，そのなかでもつくることに集中し始めた子どもがいたり，何度も遊びから抜けては戻る子どもがいたりして，共通の目的がズレてしまうこともある。このように，子どもの興味関心が徐々につながっていく場合もあれば，徐々にズレていく場合もあるのである。

共通の目的がズレてしまった場合，強制的に保育者のほうから修正していくことでは適切とはいえない。同じ遊びのなかでも子どもたちの思いはさまざまだからだ。もし，一緒に遊びを展開したくて困っている場合は，保育者からの具体的な援助が必要だろう。逆に共通の目的がズレてきてしまった場合は，まずは一人ひとりの思いをていねいに読み取り，受け止めることが必要である。その上で，子ども同士が試行錯誤しながらも共通の目的に向かって取り組めるような援助をしていくことが求められる。

事例⑥ ┃ お花やさんごっこがやりたい！

(4歳児，9月)

　ナナコちゃんが折り紙で花をつくると，まわりにいた子どもたちも「教えて，つくりたい」とみんなで花づくりが始まった。たくさんの花ができあがると，ナナコちゃんが「これでお花やさん，やりたいね」と提案した。すると，一緒に花づくりをしていた子どもたちも「そうしよう」と，さっそくお店のセッティングをして，準備完了。でも，なかなかお客さんが来てくれず，困ってしまった。

ナナコちゃんの提案で始まったお花やさんは，まわりの子どもたちも賛同して参加している。そこには，みんなでお花やさんがしたいねという共通の目的が見られる。そのため，お花やさんの準備もみんなで協力して行っていた。

　そして，いざオープンというところで，お客さんが来ないという困りごとが起こったのである。この困りごともお花やさんのメンバーみんなの共有である。そう捉えるとどのような援助が考えられるだろうか。保育者自身がお客さんになる，ほかの子どもたちを誘ってお花やさんに買い物にいくというような援助が考えられる。そのような援助によって，ナナコちゃんたちのお花やさんをやりたいという共通の目的が実現されるのである。そして，その援助からお花やさんごっこをみんなで展開していくというさらなる協調性が育まれていくのである。

事例 ⑦ ｜ 虫探検

（5歳児，4月）

　男児4人（テツトくん，カズトくん，ハヤトくん，ノボルくん）で，昨日から始めたダンゴムシ探しを今日もさっそく始めた。ダンゴムシのいるところを相談しながら，探している。今日発見したところには，たくさんのダンゴムシがいた。

　カップなどの容器ではダンゴムシが入りきらず，ハヤトくんとノボルくんは保育室へ飼育ケースを取りに戻った。ハヤトくんは，すぐに飼育ケースをもって戻ってきたのだが，ノボルくんは保育室でダンゴムシが載っている図鑑を読み始めた。

　一方，ずっと戸外でダンゴムシを探していたカズトくんは，ダンゴムシではない違う虫を探し始めた。

　みなさんがこの場にいる保育者だったら，誰にどのような援助をするだろう。この遊びは，継続している遊びであり，ダンゴムシ探しという共通の目的をもって楽しん

でいた遊びである。

てつとくん　「ダンゴムシ探し楽しい！」
のぼるくん　「なるほど！　ダンゴムシのご飯は……」
かずとくん　「あれ，違う虫発見！」
はやとくん　「入れ物もってきたよー！」
保育者（あなた）「　　　　　　　　　　　」

　まず，保育者であるあなたは，この遊びのこれからの展開をどうしたいと考えただろうか。

　同じ目的で始めた遊びだが，そのうち子どもたちの関心がズレてくる。4人のうち2人が継続して展開しているダンゴムシ探しに，ほかの2人を戻すのがよいだろうか。ほかの2人も関心がダンゴムシや探すという行動であることから，最初の遊びの展開へのつながりはある。このような場合，無理やり最初の目的に戻すのではなく，それぞれの興味・関心につき合うことが大切である。子どもは自分の興味関心について十分に楽しむことで，また最初の目的に戻ってくることもあれば，違う展開に進むこともある。

　保育者が「協同性＝みんな一緒」にとらわれすぎず，一人ひとりの興味関心へていねいに向き合うことが，いずれ共通の目的をもつきっかけになったり，自己発揮が重なり合っていったりしていくのである。協同性を育むためには，集団ばかりに視点をあてるのではなく，その集団を構成している一人ひとりの子どもとていねいに向き合うことが大切である。

{4} 協同性を捉える　―自己主張と自己抑制―

　みんなで遊ぶ，活動するなど同じ思いであってもそれがズレてくる。子どもたちは「こうしたい」という共通の目的をもって取り組んでいても，やはりそれぞれの思いは必ずしも一致はしない。また，相手の思いを理解できても，自分の思いもある，そんな葛藤をくり返し経験している。『幼稚園教育要領解説』には，「相手を意識しながら活動していても，実際にはうまくいかない場面において，幼児は，援助する教師の姿勢や言葉掛けなどを通して，相手のよさに気付いたり，協同して活動することの大切さを学んだりしていく」[6]と示されている。

　子どもたちは，このような園生活のさまざまな場面において，ときには保育者の援助によって気持ちを整理したり，自ら葛藤の機会を通じて，自分の思いを伝える大切さや自分の思いをコントロールする力を養っているのである。また，自己主張や自己抑制する力を人との関わりを通して学んでいく。

事例 ⑧ ｜ 僕たちのグループが先！

（4歳児，10月）

　片づけが終わり，次の活動の前に，グループごとに着席することになった。フミヤくんは，さっそく「ここにしよう！」と同じグループの友達に言いながら，一つの机に椅子をもってきた。

　そこへ，別のグループのシオリちゃんが「ここにしよう」と椅子を置いた。フミヤくんは「だめ，僕たちが先」というと，シオリちゃんは「私たちが先」といい合いになった。それぞれの同じグループの子どもたちもいい合いに参加し，いい合いはなかなか収まらない。

　そこへ別のグループのケイジくんが「ふみやくんのほうが少し早かったよ」と伝えにきた。シオリちゃんのグループの子どもたちは「じゃ，したかないね。あっちに座ろう」と移動した。

　この事例では，子どもたちの思いのぶつかり合いがくり広げられている。フミヤくんもシオリちゃんも自分の思いを他者に伝えていることがわかる。つまり，自己主張ができているのである。

　しかし，自分の思いは伝わったが，その思い通りにはならず葛藤している。そして，この事例では，個々の関わりだけでなく，グループ同士のぶつかり合いにまで広がり，グループ同士の思い，そのなかでの個々の思いが織り交ざっているのである。最終的には，ケイジくんの仲裁により，自己主張していたシオリちゃんのグループが納得して行動している。第三者の介入によって自己の抑制が促され，自分に折り合いをつけたということである。

　では，この場面では，協同性は育まれているのだろうか。同じグループの仲間がいい合いに参加することは，結果としてはいい合いだが，知らんぷりをせず参加してい

るところにも実は協同性が育まれているのである。仲間の困りごとをなんとか解決したいという思いである。

　また，介入したケイジくんも同じクラスの仲間のいざこざを解決したい思いから言葉をかけたのだ。状況に応じた関わりから協同性が育まれているのである。子どもたちは，自分の思いを伝えたり，気持ちに折り合いをつけたりしながら，協同性を育んでいるのである。そのくり返しから，他者を思いやる気持ち，言葉での伝え合いなど，さまざまな育ちともつながっていくのである。

{5} 協同性を育むために必要な視点

　「協同性」＝「みんなで」と捉え，どうしても集団をまとめたくなりがちである。また，まとめなくてはと思ってしまうかもしれない。みんなで何かさせるのではなく，みんなで経験していくことが協同性の育ちにつながる。その経験とは，子どもたちが試行錯誤できる場であり，思いを伝え合える場であること，自分たちで課題を解決していける機会が保障されていることである。そこで，子どもたちなりに，さまざまな協同性を育んでいくのである。そのためにも，保育者は子どもたちを信頼し，待つことを意識しながら見守っていくことが必要である。小学校での集団生活において，そのような経験の積み重ねが，自己発揮や自己主張しながら仲間と共通の目的をもって生活する力につながっていくのである。

　このように，幼児期のさまざまな場面で一緒に考えたり，工夫したり，ときには困難や課題を乗り越えたりというような気持ちを共有する経験は，子どもの育ちやこれからの生活への意欲につながっていくのである。

3 道徳性・規範意識を育む

　「道徳性」や「規範意識」という言葉を聞くと，難しそう，正しいことや，あるべき姿を守るように教えなければならないというイメージをもたれるかもしれない。

　道徳性や規範意識は，乳幼児が保育者や友達，仲間と一緒に過ごすなかで感じたこと，考えたこと，自分や友達，仲間の願いをかなえたい気持ちをもつことなどから，保育者と一緒に考えたり，友達がどうしているかを見てまねをしたり，工夫したりしながら，自分で体得していくものである。そのためにも，保育者が子どもや，子ども同士の関わりにおいて，どのように子どもに寄り添い，同僚に対してどのような姿勢を示し，道徳性や規範意識の芽生えを培えるように実践していくのかを考えることは，

とても大切である。

{1} 道徳性・規範意識と保育

①幼児期の終わりまでに育ってほしい姿と道徳性・規範意識の芽生え

「幼児期の終わりまでに育ってほしい姿」については，保育所保育指針では，「第2章に示すねらい及び内容に基づく保育活動全体を通して資質・能力が育まれている子どもの小学校就学時の具体的な姿であり，保育士等が指導を行う際に考慮するものである」[7]と述べられている。

「幼児期の終わりまでに育ってほしい姿」は，幼稚園，保育所，認定こども園における保育を通して育みたい資質・能力である「知識及び技能の基礎」「思考力，判断力，表現力等の基礎」「学びに向かう力，人間性等」が育まれた子どもの具体的な姿として示されている。

そしてこれらの資質・能力が保育のなかで達成されるように，保育所保育指針の第2章には「基本的事項」「ねらい及び内容」「内容の取扱い」が示されている。

また，「幼児期の終わりまでに育ってほしい姿」は，あくまでも資質・能力が育まれている子どもの姿であり，到達目標ではないことに留意したい。『保育所保育指針解説』にも，「卒園を迎える年度の子どもだけでなく，その前の時期から，子どもが発達していく方向を意識して，それぞれの育時期にふさわしい指導を積み重ねていくことに留意する必要がある」[8]と示されている。

つまり，どの子どもにもまったく同じように「道徳性・規範意識の芽生え」が見られるというわけではなく，保育者は一人ひとりの発達に合わせて援助し，子どもが育っていくようにするということである。

「道徳性・規範意識の芽生え」は，「幼児期の終わりまでに育ってほしい姿」に次のように示されている。

> エ　道徳性・規範意識の芽生え
> 　友達と様々な体験を重ねる中で，してよいことや悪いことが分かり，自分の行動を振り返ったり，友達の気持ちに共感したりし，相手の立場に立って行動するようになる。また，きまりを守る必要性が分かり，自分の気持ちを調整し，友達と折り合いを付けながら，きまりをつくったり，守ったりするようになる[9]。

『保育所保育指針解説』には，その説明として次のように述べられている。

> 　道徳性・規範意識の芽生えは，領域「人間関係」などで示されているように，保育所の生活における他の子どもとの関わりにおいて，自分の感情や意志を表現

しながら，時には自己主張のぶつかり合いによる葛藤などを通して互いに理解し合う体験を重ねる中で育まれていく。なお，道徳性・規範意識の芽生えは，領域「人間関係」のみで育まれるのではなく，第2章に示すねらい及び内容に基づく保育活動全体を通して育まれることに留意する必要がある[10]。

　本節では，領域「人間関係」を中心に述べていくが，領域相互の関連性についても意識しながら読んでほしい。

②道徳性・規範意識とは

　道徳性，規範意識は，それぞれ，どのような意味なのであろうか。そして両者は，どのような関連をもつと考えられているのだろうか。

　道徳性について首藤は，「道徳的な行動とは人としてより善く生きようとする行為であり，そのような行為を生み出す社会的能力を道徳性とよぶ」[11] としている。そして「『より善く生きる』とは，所属集団内の社会的規範を尊重するだけでなく，文化や集団を超えた普遍的な価値について考え，正義や公正さの観点から複雑な社会問題を解決しようとする態度，思いやりや配慮など対人関係を重視し，立場の異なる者同士が互いに尊重し合う関係を作り出そうとする態度まで含んでいる」[11] と説明している。

　道徳性には「正義や公正さ」という側面と，「思いやりや配慮」といった側面がある。そして「立場の異なる者同士が互いに尊重し合う関係を作り出そうとする態度」が含まれるのである。

　また，規範意識について首藤は，「人との関係や集団生活の中で，人としてよりよく生きようとする際に働く判断と行動の基準である。内的な心の働きである」[12] としている。そして，道徳性と規範意識の関係について，「規範意識の芽生えは道徳性の芽生え，及び協同的な活動の育ちと，教育理念上も子どもの心理的発達の面からも深く関連している」[12] と説明している。

　子どもが道徳性や規範意識を身につけていくには，園の決まりや保育者から求められるクラスの決まりを守って過ごせるようになるといった社会的ルールを守ることだけではなく，自分たちが友達や仲間との関係を結び，よりよくあろうとする子どもの気持ちが育ち，それを仲間との関係のなかで，自分から発揮していくことが必要なのである。

　具体的には，どのようなことなのであろうか。

事例⑨ | ずるいよ，並んでいたのに

(5歳児，6月)

　5歳児クラスの子どもたちは，昼食前に手を洗ってうがいをするように保育者に声をかけられた。そこで，子どもたちは3つある水道の前に並んで，自分の順番が来るのを待っていた。

　ハルトくんの前に並んでいたアユミちゃんのところに，ユカちゃんがやってきて，2人で話し始めた。そして，アユミちゃんが手洗いとうがいを終えると，ユカちゃんがその後に続くようにして，手洗いとうがいを始めようとした。

　ハルトくんは，「ずるいよ。並んでいたのに。ユカちゃん，横入りしたでしょ」とユカちゃんに伝えた。「ごめんなさい。間違えちゃった」とユカちゃんが申し訳なさそうな表情でハルトくんに謝った。ハルトくんは「いいよ」と伝えた。ユカちゃんはそれを聞いて列の後ろに並び直した。

　ハルトくんは，ふと隣の列の長さに気づいて後ろを振り返り，「ユカちゃん，隣の列は短いから，すぐに順番がくるよ」とユカちゃんに伝えた。ユカちゃんは，「ありがとう」とハルトくんにお礼をいって，隣の列の一番後ろに移動した。

　この事例では，ちゃんと並んでいた人が待たされることになるユカちゃんの行動に対してハルトくんは「ずるい」と抗議している。そして，ユカちゃんは自分の行動がよくなかったことを認めて謝り，それを理解したハルトくんは許している。

　また，ハルトくんは，アユミちゃんと一緒にいるために早く手洗いを済ませたいユカちゃんの気持ちを察して，思いが叶うように助言している。つまり，子ども自身が，何が正しいのかを判断するだけでなく，思いやりも見せている。

　このような出来事は日常生活のなかのごく一部であり，子どもたちは，日々の生活

や遊びのなかで，自分やほかの子どもが決まりを守らないことによって起きる問題に気づき，それに対する自分の思いや意見を相手に伝え，相手の思っていることや考え，意見に気づく体験をしている。そうしたやりとりのなかで，集団生活にはきまりが必要であることを理解し，きまりを守ろうとする姿勢が育っていくのである。

③「芽生える」過程を大切に

子どもは，集団の生活のなかで，同年齢・異年齢の子ども，性格が似ている子どもなど，いろいろな相手と出会い，理解し合っていくようになる。その過程で，いざこざやトラブルを経験することもあるだろう。

ときには，まったく異なる考えの相手にとまどうことや，自分のトラブルや葛藤状況をどうしたいのか，どうすればよいのかまったくわからなくなることもあるかもしれない。そのようなとき，子どもは保育者やほかの子どもを見て学びながら乗り越え，その過程で体験したことがもとになって相手への思いやりの心が育つのである。

いざこざや葛藤は，子どもにとっては道徳性や規範意識の成長の機会にもなる。では，子どもは何を体験し，学んでいくのだろうか。

いざこざや葛藤の発端になるのは，同じ三輪車を使って遊びたいけれども一つしかないといった友達と同じ思いや考え，一緒に遊びたい相手の遊びが自分のしたい遊びと違うといった異なる思いや考えなどである。子どもは，いざこざや葛藤を通して相手の思いを知ることになる。そして，やりとりのなかで自分の言動が相手にどう届くのかを知ることになる。それらは他者理解につながっていく。

また，友達に自分の気持ちや考え，思いなど，自分の内面を伝えるためには，自分の気持ちや考えを言語化すること，自分の気持ちを調整して相手にわかるように伝えることが必要である。

いざこざの最中には，友達に対して手が出ることがあるかもしれない。しかし，力ずくによる解決を目指すよりも，相手の言い分を聞き，言葉で相手が納得するように自分の思いや考えを伝えるほうがよいことに気づき，言葉でやり取りをするなかで，言語力を身につけていくのである。

そして，いざこざや葛藤では，仲直りをすることによって，その状況を終えることを目指す子どもが多いことだろう。仲直りをするためには，相手と自分がどうなりたいのかを考え，それに向けて自分の気持ちを調整していくことになるので，自己調整力が身につくだろう。

子どもは，日々の遊びや生活のなかで，たくさんのことを学ぶ。そのなかの一つが道徳性・規範意識である。そのため，子どもが人との関わりの経験を重ね，自ら気づき，考えていくことを大切にする保育実践を行うように心がけたい。

{2} 集団保育の場における道徳性・規範意識につながる体験

①保育者との信頼関係

保育者との信頼関係があると，子どもたちは安心して園生活を送ることができる。安心して周囲の環境を探索したり，保育者を仲立ちとして，ほかの子どもと関わり始めたりする。

そして，友達とのいざこざを体験する際に気持ちが不安定になった子どもは，信頼関係を形成している保育者を心の支えにするのである。

事例 ⑩ ┆ 崩れた塔

（3歳児，9月）

3歳のマコトくんとサオリちゃんが積み木で高い塔をつくろうとしていた。2人の膝の上の高さまできたとき，にっこりと笑い合い，「まだまだだね」「うん」と伝え合い，もう少し高い塔になるように，ゆっくりと積んでいった。

その遊びを少し離れた場所から見ていたチカちゃんが，マコトくんとサオリちゃんのところにやってきて，「チカ，もっと高くできるよ。やってあげる」というと，積み木を一つ手に取って積もうとした。その瞬間，マコトくんとサオリちゃんは，「ダメ！」と大きな声で拒否した。びっくりしたチカちゃんが載せた積み木でバランスが悪くなった積み木の塔はガラガラと音を立てて崩れた。

それを見たマコトくんとサオリちゃんは，「あー！」「チカちゃん！」「高くなっていたのに！」と怒ったような，そして悲しそうな表情で大きな声でいった。2人の言葉を聞いたチカちゃんは泣き出した。泣いたチカちゃんに対して，2人は困惑したような表情で立っていた。

保育者は3人に近寄ると，「チカちゃんは，マコトくんとサオリちゃんと一緒に遊

びたかったんだよね。でも，マコトくんとサオリちゃんは，2人で高い塔をつくりたかったんだと思うよ」と言葉をかけた。チカちゃんは泣きながら，マコトくんとサオリちゃんの2人を見ていた。サオリちゃんは何か思いついたように，「壊れちゃったときには，もう一回つくるといいんだよ」といった。その言葉を聞いて涙をふいたチカちゃんを入れて，今度は3人で高い塔をつくり始めた。

　事例の保育者の関わりでは，マコトくんとサオリちゃん，チカちゃんの気持ちを受け止めて援助したことにより，状況が変わっている。信頼する保育者に気持ちを受け止められたことで，サオリちゃんの気持ちが前向きになり，「もう一回つくる」という発想やそれに向けた言葉が出てきたのではないだろうか。また，積み木の塔を崩してしまったという思いと，友達の怒りや悲しみを感じて泣いていたチカちゃんは，保育者やサオリちゃんから思いやりの気持ちを向けられたことにより，気持ちを立て直している。

　このように安心して関われる保育者がいて，仲間の気持ちや考えに触れ，その保育者に受け止められる体験を積み重ねていくことにより，思いやること，思いやられることの両方の立場を子どもたちは経験し，それが人との関わりにおいて大切であるという考えを身につけていく。

②友達との関係

　子どもたちは，保育者との信頼関係を形成したら，次は仲間との関係を形成していく。最初は一対一であった関係が，2人，3人とつながっていき，やがてグループに，そして最終的にはクラス全体や学年全体へとつながっていく。その過程では，保育者が意図的に作成したグループや学年全体で進める活動の場における子ども同士の触れ合いもあれば，好きな遊びをしている際に興味や関心が近いなどの理由から自然に仲良くなることもある。

　子どもたちにとって，人間関係のつながりのなかにいることは大きな意味をもつ。自分とつながりがある相手だからこそ，一緒にいたかったり，信頼したり，思いやりや共感をもったり，いざこざや葛藤状態になっても何とかして仲直りしようとしたりするのである。

事例⑪　待ってるんだけど……

（4歳児，2月）

　4歳児のミカちゃんとヨシアキくんは，後で一緒に縄跳びをして遊ぼうと約束をしていた。ミカちゃんが荷物をしまいにロッカーへ行くと，そこにはナルミちゃんがい

た。ナルミちゃんは，ミカちゃんに「見て，これ，昨日ママに買ってもらったの」と言ってリボンの飾りのついたハンカチを見せた。ミカちゃんは，「かわいいね。どこで買ってもらったの？」と問いかけて話が始まった。ヨシアキくんが，「ミカちゃん，先に行って縄跳び一緒にする人，探してるね！」とミカちゃんに伝えて，返事を聞いてから，遊戯室に移動した。

ミカちゃんは，「ママにこれ買ってもらった」といって自分の髪飾りを見せた。ナルミちゃんは，「ナルミもおんなじのもってるよ。赤いのだけど」と答えて，「こういうの，たくさんもってる」といって，しばらく2人で話していた。その間にもヨシアキくんは，ときどきミカちゃんの様子を見にきた。ミカちゃんは，そのことに気づいて少しバツが悪そうな笑顔を向けつつ，ナルミちゃんとも楽しそうに話していた。

ついにヨシアキくんは，「ミカちゃん，ずっと待っているんだけど……」と笑いながらミカちゃんに声をかけた。ミカちゃんは，「ごめん，ごめん。今行くね」とヨシアキくんに返事をして，「ナルミちゃんも，一緒に縄跳びしよう」と誘い，3人で遊戯室に移動していった。

ミカちゃんとヨシアキくんは，縄跳びを一緒にすることを約束していた。ヨシアキくんは，ミカちゃんがナルミちゃんと話し始めるのを見て，気持ちを察して先に行くことや仲間を募ることを提案している。その後，ミカちゃんはヨシアキくんとの約束が気になりつつも，ナルミちゃんとの話を続けている。

その間，ミカちゃんとの約束があるので，ヨシアキくんはミカちゃんを信じて待っている。そして「そろそろ縄跳びにくるかな」と期待しながら様子を見にきている。そのようなヨシアキくんの様子にミカちゃんも気づいているので，「ごめんなさい」という言葉が出ているのだろう。

子どもは日常的にいろいろな約束をする。約束をしても，すぐに実行されるとは限らない。ときには約束が破られることもある。約束を先延ばしにしたり破ったりすることで，子ども自身が感じる居心地の悪さや，約束を守ることで気持ちよく遊べるといったことをくり返し経験していくことを通して，約束を守ることの大切さに気づいて実行するようになる。

保育者は，子どもの体験が積み重なるよう，きまりや約束に気づくように援助し，約束を守れたときには，みんなが気持ちよく過ごせたことや，楽しく遊べたことを伝えるようにしたい。もし，きまりや約束を守れなかったときには，その子どもの気持ちを聞いて，自分もみんなも気持ちよく過ごすにはどうしたらよいかを考えられるように援助するなど，ていねいに関わるようにしていく。

③トラブル，葛藤，いざこざ体験を通した気づき

子どもたちは，友達や仲間と仲良くすることからだけでなく，ときにはぶつかる体

験をすることにより，他者を理解して思いやりをもつことやきまり，約束の大切さに
気づいたり，どうしたらよいかを考えたりする。そして，その過程で道徳性や規範意
識を身につけていく。

事例 ⑫　返して！

（2歳児，11月）

　　2歳児クラスのアリサちゃんは姉の影響もあり，最近，ままごと道具を身のまわり
に集めて，きれいに並べてから遊んでいる。今日も，おたま，お鍋，フライ返し，フ
ライパン，トマト，ピーマン，ニンジン，お皿などをきれいに並べた。
　　すると，隣でお店屋さん遊びをしていたコウキくんがやってきて，アリサちゃんの
集めたお鍋とおたまを黙ってもつと，自分のお店屋さんに戻った。
　　驚いたような表情をしながらも，アリサちゃんはコウキくんのお店屋さんに手を伸
ばし，黙って自分が使っていたお鍋とおたまを引き寄せた。
　　それに気づいたコウキくんは，取り戻そうとしてお鍋をつかんだ。アリサちゃんは
「返して」と言った。そして，悲しそうな表情で保育者を見つめた。保育者は，「アリ
サちゃんが使っていたのにね」とアリサちゃんに言い，コウキくんには「そのお鍋，
アリサちゃんがつかっていたんだって」と言葉をかけた。

　　2歳から4歳ごろまでは，物の取り合いが非常に多い時期である。こうしたトラブ
ルでは，子どもが安心して遊べるように，先有のルールを適用することが多いだろう。
　　保育者が援助するときに，単にきまりやルールを伝えるだけでよいだろうか。トラ
ブルは，子どもにとって気持ちが大きく揺さぶられるとともに，大切な学びの機会で
もある。保育者が状況を整理したり，双方の子どもの気持ちを伝えて仲介したり，子

どもの気持ちに寄り添ったりしながら，どうしたら両方の子どもが納得し，遊びを続けて楽しめるようになるのかを一緒に考えていくことで，子どもは自然に，お互いに安心して遊べるような判断のあり方，他者への思いやりを学んでいく。

毎日の生活をていねいに過ごすこと，集団ならではの人間関係のつながりのなかで，子どもたちがどのようなことに気づき，理解したことを自分から実行していくようになるのか，考える保育者を目指してほしい。

4 保育者との関わりから育む人間関係----------

乳幼児期は人としての基盤づくりの時期である。保育の基盤は，人との関わりとコミュニケーションによる人間関係づくりともいえる。

子どもが安心して過ごせる生活とありのままに自分を表現できる人との信頼関係が必要である。子どもは身近な家族や保育者などに対する信頼関係が基盤となり，自分の力を発揮することができる。そこから愛着が形成されるといえよう。

愛着の形成はまず，子どもの親・兄姉弟妹・祖父母などの家族との間に芽生える。つまり愛着関係は家庭での体験が土台になり，次に出会う保育所の保育者・友達とも形成される。子どもにとって保育者との関わりは，どのようなものであるか説明していく。

{1} 保育者との出会い

保育所や認定こども園などは，子どもにとって「保護者以外の大人とはじめて出会う場所」である。入園した乳幼児にとって保育者は，家族以外に出会う「自分を温かく受け入れてくれる」存在である。子どもは，特定の保育者がていねいに関わることにより，その保育者に愛着を形成する。長い時間を園で過ごす子どもにとって，毎日関わる保育者は保護者の替わりをしているともいえる。

とくに乳児にとって「自分は大切にされている」「自分のことを認めてくれる」存在となり，家族との愛着関係に加え，保育者との愛着関係を築くことにつながる。園は子どもが「愛されている」「大切にされている」と感じ，笑顔ですごせる場所でなければならない。

子どもの入園時は，とくに配慮が必要である。乳児クラス（0・1・2歳児）と幼児クラス（3・4・5歳児）では細かい配慮に違いはあるが，はじめて集団生活をおくる子どもの気持ちを理解し，受け止め，保育者が子どもにとっての安全基地になること

が大切である。

　保育所などにおける保育は，子どもとの関係を築くことから始まる。子どもたちは保育者に温かく見守られ，保育者との信頼関係・愛着関係をもとに園生活を充実させ，ほかの子どもとの関わりを広げていく。

　保育者は子どもが園で，ほかの子どもたちと出会い，関わりが生まれる経験ができるよう環境を構成して，保育内容の領域を相互に関連させながら，子どもの発達を捉えていく。生きる力の基礎となる「人との関わる力」を養えるよう子ども一人ひとりとていねいに向き合うことが欠かせないのである。

{2} 子どもを理解する

　子どもとの信頼関係を築くためには，まず子どもを理解することから始めなければならない。子どもたちが保育者とはじめて会うとき，子どもたち側から見れば「知らない人」との出会いである。

　保育者は常に子どもたちが何に興味・関心をもっているか把握し，目の前の子どもたちに応答的な関わりを行うことから始める。とくに0〜2歳児には，子どもの思いに対し共感する，言葉や身振り・指さしなどに応える，遊びに共感する言葉かけをするなど，子どもの言動を認め，共感することが大切である。

　子どもをよく観察することが保育者の一番大切な仕事といっても過言ではない。

{3} 子どもとの関係を築く

　子どもを理解したことがベースとなり，子どもとの信頼関係が築ける。乳幼児期は人としての基盤づくりの時期であり，保育の基盤は人との関わりとコミュニケーションによる人間関係づくりである。子どもが安心して過ごせる生活とありのままの自分を受け止めてくれる保育者との信頼関係が構築されることが望まれる。

　保育者は日々子どもの育ちに目を向け，子どもの感じていることを理解し，毎日の保育につなげていくためには，遊びに現れた子どもの育ちを捉え，自分の保育の見直しをする必要がある。

　次に，子どもとの関係を築くための保育者の援助のあり方について年齢別に説明していく。

①0歳児
　乳児にとって愛着は，生理的ケア（授乳やおむつ替えなど）の有無とは関係なく，情緒的なやりとりをする相手との間に形成される。

　乳児が空腹や不快な状態であるときに声をあげたり，泣いたりするときに，保育者

がタイミングよく接したり，適切にケアしたり，やさしく抱きしめたりするなどの肯定的なやりとりを積み重ねることにより，信頼の絆が深まり，愛着が形成される。

愛着関係を育む上で大切なことは，乳児一人ひとりの気持ちや思いを受け止め適切に応じること，つまり応答的に接することである。これは乳児に限らず，どの年齢の子どもたちに対しても必要である。とくに乳児期は，身近にいる特定の大人（保育者）との愛着形成により，情緒的な安定が図られる。

乳児期における愛着形成は，子どもの情緒の安定に直結するといわれている。保育所保育指針には，特定の大人（保育者）との関係について以下のように記されている。

> 乳児期の発達については，視覚，聴覚などの感覚や，座る，はう，歩くなどの運動機能が著しく発達し，特定の大人との応答的な関わりを通じて，情緒的な絆が形成されるといった特徴がある。これらの発達の特徴を踏まえて，乳児保育は，愛情豊かに，応答的に行われることが必要である[13]。

> 一人一人の子どもの生育歴の違いに留意しつつ，欲求を適切に満たし，特定の保育士が応答的に関わるように努めること[14]。

保育所保育指針は，子どもが特定の保育士と受容的・応答的な関わりをもつことは，人と関わる基盤を培う重要なことであると示している。

入園時は，園生活に慣れるために少しずつ保育時間を延ばしていく。このことを慣れ保育（慣らし保育）という。

子どもにとってはじめての園生活，朝の受け入れ，授乳や離乳食，おむつ交換など，生活の援助や介助を毎日同じ保育者が行う，あるいは毎日違う保育者が行う，どちらが子どもにとって安心できるか考えてみよう。子どもの気持ちを想像すると前者であると推測される。

入園時はできるだけ決まった保育者が接することで，子どもとの愛着関係が形成される。個人差はあると思うが，園に早く慣れるという利点もある。

②1・2歳児

1～2歳児は「赤ちゃん時代」を卒業する時期といえる。運動機能の発達，歩行の安定，言葉の獲得，遊びの変化，自我の目覚め，食事・排泄などの生活習慣の自立に向けて意識するなど，自分でやろうとする気持ちや意欲が強くなる時期である。

この時期の子どもたちも保育者との関わりのなかで守られているという安心感や信頼感により情緒が安定する。保育者の受容的・応答的な関わりのなかで，欲求を適切に満たし，安定感をもって過ごすことが重要である。

身近にいる特定の保育者との愛着形成により，情緒的な安定が図られ，さらに「自

分を認めてもらっている」という思いから自己肯定感が高まる。

　園の生活や遊びを通して基本的な生活習慣を身につけ，信頼する保育者に見守られながらいろいろなことにチャレンジしてみようという気持ちが芽生える。

　この年齢の子どもたちは徐々に周囲への興味や関心が広がっていく。1歳児は保育者との関わりが中心であるが，2歳児になると他児への興味が強くなり，他児と関わろうとする姿が増えてくる。他児と一緒に遊ぼうと思って接しても，なかなか上手くいかない姿がある。自分の気持ちを言葉で伝えられず，ときにはけんかになる場合がある。

　保育者は子ども同士の間に入り，お互いの気持ちを代弁したり，伝えたりしながら他児との人間関係を築くサポートを行うことが大切である。保育者の仲立ちにより，ほかの子どもとの関わり方を少しずつ身につけていく時期といえる。保育者は子どもにとってのよき理解者になることが求められている。

③幼児クラス

　3〜5歳児は，集団生活ならではの子ども同士の遊びを構成し，その楽しさを味わえるように援助・支援することが必要である。保育者は子ども一人ひとりの気持ちを理解し，受け止めることがクラスの子どもたちとの関係づくりの始まりとなる。

　保育者が日々子どもの発見や感動に共感したり，子どもが困っていたり怒っている気持ちに寄り添うことで，子どもたちの遊びや生活は豊かなものになる。

　この年齢の子どもたちも保育者との信頼関係に支えられ，自分の力を発揮しているといえる。保育者と子どもの心がつながることで信頼関係が深まる。子どもが自ら考え行動する経験や，自分の気持ちを調整する力が育つよう保育者は見守るようにすることが大事である。

　子どもの気持ちを想像し，その気持ちに寄り添うことは，幼児クラスの子どもたちと接する上でも大切である。保育所保育指針に記されているように「子どもの心身の発達及び活動の実態などの個人差を踏まえるとともに，一人一人の子どもの気持ちを受け止め，援助すること」[15]を大切にしたい。

　子どもは友達との関わりのなかで，楽しいこと，いざこざなどを経験し，気の合う仲間をつくっていく。友達は自分とは違う考えや思いをもっていることを理解すると共に，自己を調整しようとする力がついてくる。

　保育者は，子どもたちが自己肯定感を育てられるよう，日々子どもと接していくことを忘れてはならないのである。

{4} 保護者との関わり

　保育所保育指針における保護者との関わりは，「第4章　子育て支援」に保育所の特性を生かした子育て支援について，

ア　保護者に対する子育て支援を行う際には，各地域や家庭の実態等を踏まえる
　　　とともに，保護者の気持ちを受け止め，相互の信頼関係を基本に，保護者の自
　　　己決定を尊重すること。
　　イ　保育及び子育てに関する知識や技術など，保育士等の専門性や，子どもが常
　　　に存在する環境など，保育所の特性を生かし，保護者が子どもの成長に気付き
　　　子育てのよろこびを感じられるように努めること[16]

と示されている。保護者と協力し合い，子どもたちを共に育てるという意識が大切で
ある。

　保育者は，毎日子どもや保護者・家族に直接関わり保育および保護者の支援を行って
いる。園目標，全体的な計画，長期的な計画，短期的な計画にもとづき保育を行ってい
るが，その具体的な方法や関わり方は，保育者自身がもつ人間関係の力に影響される。

　保育者自身が子どもや保護者と適切な人間関係を築くことは保育を行う上で不可欠
である。この能力は，保育の専門性の一つといえるだろう。子どもとの信頼関係を築
くことは，保護者との信頼関係を築くことにつながる。保育所での子どものエピソー
ドを詳しく伝えて，保護者に安心してもらうことは，子どもの情緒の安定にもつなが
る。これは，保育者自身が安定していないと，子どもや保護者と適切な人間関係を築
くことはできないことを示している。

　子どもや保護者にどう接するのか，適切に対応できる能力は，保育者の専門性が問
われる。保育の専門性を高めるためには，常に学び続け自分に磨きをかけていくこと
が必要である。

{5} 保育者チーム

　保育は人との「関わりの仕事」であり，よりよい保育をつくり出すためには，チー
ムワークが大切である。たとえば保育所には，保育士・看護師・栄養士・調理師・用

務など，いろいろな職種の職員が勤務し，正規職員・パート・アルバイト・嘱託保育士・派遣保育士など，その雇用形態はさまざまである。

　看護師・栄養士などの専門職の職員は，保育者の強い味方となる。若手の保育者にとっては，ベテラン保育者からの指導やアドバイスは，自分の保育を向上させるヒントになる。

　保育の質は保育者の質といわれる。保育スキルの向上が常に必要であり，マニュアルに依存しないスキルを磨くには，保育者同士の振り返りと対話が欠かせない。子どもが楽しく元気に過ごすために大切にしてほしいことは人権を守り，子どもの最善の利益を保障することである。子どもの生涯にわたる生きる力の基礎が培えるよう，全職員が共通理解をもって保育を行いたい。園全体でチームとして子どもを育てることが大切である。筆者がある自治体の保育課に勤務していたとき，保育所を利用している複数の保護者から「保育者について」以下のような苦情を受けた経験がある。そのうちのいくつかを紹介していく。

　　○　保育者が子どもに厳しい。保護者に冷たい。
　　○　日中の子どもの様子がまったくわからない。詳しく伝えてもらいたい。
　　○　保育者は忙しそうで声をかけにくい。挨拶をしない保育者がいる。
　　○　伝言や連絡事項が，職員間で共有されていない。園長と担任の言っていることが違う。

　これらは本来なら直接園に伝えたいが，なかなか伝えられず改善してほしいと自治体の保育課に訴えてきた例である。上記の苦情は，保護者対応が上手くいっていない事例である。

　保育者は子どもの保育を行う上で，保護者と協力し合い，子どもたちを共に育てることが大切である。日々の保育の振り返りと同じように保護者への対応は適切に行われているか，常に振り返り反省点を見いだし，改善していかなければならない。

　園はチームで子育てをしている。職員全員が同じ価値観をもち，質の高い保育を目指していくことが欠かせないのである。

5 ｜ 家族のなかで育む人間関係

　現代の高度情報化，急激な少子化と核家族化の進展などにより，子どもの生活や周囲の人との関わり方に変化が起きている。また，不安定な経済から雇用形態の多様化

や離婚などによる貧困の問題，児童虐待の問題，さらに頻発する自然災害による影響など，子どもを取り巻く社会の状況は厳しい。

本節では，子どもをとりまく環境として家族との関係に焦点をあてて説明していく。

{1} 家族をとりまく環境

①少子高齢化社会

日本の人口動態の特徴は，人口減少，少子化，高齢化という3つの現象が同時に進行する点にある。

子どもや家庭の生活のしずらさは，進行し続ける少子高齢社会に起因しているといえる。日本では，「1997（平成9）年に子どもの数が高齢者人口よりも少なくなったので，この年以降，少子社会となったこと」[17]，さらに「21世紀では，少子化の一方で高齢化が進展する『少子・高齢社会』を迎えている」[17] とされている。少子高齢化が進んでいる原因として，以下の3点があげられる。

・結婚に対する意識の変化

かつては特別な理由がない限り結婚することが当たり前とする意識が一般的だったが，近年では結婚を選択的行為として捉える見方が広まってきた。大学進学率の上昇，独身者の意識変化などを背景に，婚姻時期が相対的に遅くなってきている。女性の社会進出が進んだこと，ジェンダーの問題も加わり男女共に未婚率が上昇している。

・子育てをしながら働き続けることの困難さ

子育てと就労の両立を実現できるような社会状況や支援体制，制度は不足している。地域差はあるが，数年前から都市部での待機児童問題は，だいぶ解消されてきている。しかし，申し込み用紙に入園を希望する園を複数記入するため，全員が第一希望の保育所などに入園できるわけではない。

男性の育児休業取得の推進が話題になっているが，なかなか取得できない状況である。厚生労働省の「令和元年度雇用均等基本調査」によると，育児休業取得率は女性が83.0％対して，男性は7.48％と依然低い数字になっている[18]。

父親の子育て対する意識は変化してきていると感じられるが，夫婦共働きの場合，依然母親のほうが家事・育児を担う割合が大きい。

図表1は，6歳未満の子どもをもつ夫婦の家事・育児関連時間である。ほかの先進国に比べ，日本では夫の家事・育児関連時間が極端に少ないことがわかる。夫の家事・育児関連時間は，妻の約7分の1の割合である。

●図表1　6歳未満の子供を持つ家事・育児関連時間（1日当たり，国際比較）

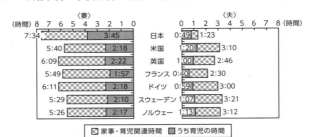

（備考）　1. 総務省「社会生活基本調査」（平成28年），Bureau of Labor Statistics of the U.S. "American Time Use Survey"
　　　　　　（2016）及び Eurostat "How Europeans Spend Their Time Everyday Life of Women and Men" (2004) より作成。
　　　　　2. 日本の値は，「夫婦と子供の世帯」に限定した夫と妻の1日当たりの「家事」，「介護・看護」，「育児」及び「買い物」
　　　　　　の合計時間（週全体平均）。

（内閣府男女共同参画局〔2020〕「男女共同白書（令和2年度版）特集」，p.47より作成）

・子どもを育てることに関する要因

　子どもを育てることにかかる養育費や保育・教育費などの経済的負担が大きい。また，子どもの世話に大きな労力がかかり，身体的にも精神的にも負担と感じる保護者も増えている。先述したが子育ての実質的責任について，母親が担っているという家庭内ジェンダー問題も関わっている。そもそも子どもをもった後の将来の生活像に夢がもてないなどもあげられている。

　これらのさまざまな要因が重なり，作用しあい，少子化が進んできたと考えられる。このような要因への抜本的な対応がとられなければ，少子化はさらに進んでいくものと予想される。

②その他の課題

・今日の社会状況と生活のしづらさ

　家庭生活における問題として，養育者自身の自信の喪失があげられる。とくに母親の生活は，時間的にも精神的にも追い込まれているケースがある。

　子どもが小さいうちは，親子で家庭のなかに閉じこもりがちであり（子育ての密室化），ストレスは一層高まっている。地域社会に仲間が少なく，SNSなどを通じた空間でしか仲間を見いだすことができない母親もいる。社会とのつながりの希薄さはストレスの原因となる。このようなストレスや自信喪失は，有職主婦よりも専業主婦に多い。

　子育てひろば全国連絡協議会では，地域子育て支援拠点事業が利用者の親子に果たす役割を明らかにするための調査研究を2015（平成27）年から2年間かけて実施している。図表2は，地域子育て支援拠点事業に関するアンケート調査の結果である。2015年度には会員・非会員のなかから，無作為抽出で合計240の地域子育て支援拠点の利用者に調査を実施し，母親1,175人からアンケートの回答を得た。

　今回の調査では，地域子育て支援拠点を利用している母親が対象だったため，その

母親たちが利用している地域子育て支援拠点で，ほかの親子の仲間ができ，情報や地域とのつながりが広がっているということがわかり安心できるだろう。

●図表２　現在，子育てしている地域は自分が育った市区町村か？

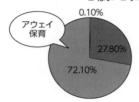

（NPO法人子育てひろば全国連絡協議会〔2015〕「地域子育て支援事業に関するアンケート調査2015」より作成）

　しかし，アンケート結果から，子育て中の母親の72.1％は自分の生まれ育った町から離れた場所での子育て（アウェイ育児）を行っていることが判明している。多くの母親が土地勘のない，なじみのない環境で生活し，子育てをしていることがわかる。どこに病院や薬局，スーパーマーケット，児童館，図書館があるのか……。具体的には，どの小児科の評判がいいか，どの商店が安くて品物がいいかなど，何も知らない状態から一つひとつ探りながら生活をしていると思われる。

　ここで忘れてはならないことは，地域子育て支援拠点がどこにあるか知らない母親，そのような場所に行こうと思わず孤立している母親が多くいることである。家庭で孤立している母親たちをどのように支援していくかが，各自治体の課題であるといえるだろう。

　各自治体では妊娠中から6歳くらいまでの母親・父親を対象とした「子育て支援」を行っている。自治体のホームページに子育てサイト作成，子育てハンドブックの発行など，独自の取り組みが行われている。たとえば東京の世田谷区では，赤ちゃん訪問，産後ケア事業，乳幼児健診，予防接種をきっかけに，おでかけ広場や児童館，図書館，子育てサロン，保育所の地域交流，子育てを広げる講座，プレーパーク・公園などで子育ての仲間をつくれるよう働きかけている。

　アウェイ育児を行っている母親が子育てしやすいよう保育所の特性を生かした地域の保護者に対する子育て支援が求められている。保育者としては，関連機関と連携をとりながら，積極的に取り組むよう努力が欠かせない。

• 家族をとりまく問題

　家庭での親子関係においては，このほかにもさまざまな問題が生じている。家庭が安らぎの場ではなく，苦痛の場になっている子どもの存在，子育て環境としての住宅の問題，母子家庭・父子家庭などのひとり親家庭の増加，保護者が親として機能していない家庭の増加などがあげられる。

　子どもの貧困問題も大きな課題となっている。厚生労働省の調査によれば，2015年の相対的貧困率は国民全体で15.6％，子どもは13.9％である[19]。ひとり親家庭福祉施策は，子育てと生活支援策，就業支援策，養育費確保支援策，経済的支援策があるが，

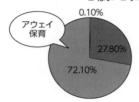

社会全体でこのような状況に対する施策体系と実践体系を考えることが大切である。

③子どもの育ち

次に子どもが育つ過程において子どもと人間関係のつながりを説明していく。

子どもが育つ過程では，家庭，地域社会，幼稚園・保育所・認定こども園，学校などが大きな意味をもつ。子どもの育ちの第一歩は家庭から始まる。さらに子どもは成長するにつれ，家庭だけでなく，地域社会といった環境のなかで生きていくことになる。家庭での家族との関わりに加え，地域住民や環境も子どもの人間関係や社会化に大きな影響を与える。

地域社会は，子どもがはじめて出会う，家庭とは異なる小さな社会であり，生活場面を通じて非意志的な関わりをもつことが多く，子どもだけでなく，親も含めた育ちの場になっている。

フォーマルな立場で，子どもの人間関係を築くことになるのが，幼稚園・保育所・認定こども園，学校などである。一般的には，このような環境のなかで子どもは育つが，近年は家庭の機能低下，地域社会の福祉力の低下が指摘されている。家庭，地域社会での子どもの育ちの初期段階の機能が低下していることは大きな問題である。

{2} 家族のなかで育む人間関係

①家族との出会い

乳幼児期は，人としての基盤づくりの時期である。子どもが安心して過ごせる生活とありのままに自分を表現できる人との信頼関係が必要である。

ほとんどの子どもは出生後，母・父・姉・兄・祖父母などの家族に出会う。この一番身近な家族との信頼関係が基盤となり，愛着が形成されていく。家族に温かく見守られるなかで子どもは自分の力を発揮できるようになる。

愛着とは，ある人と愛着対象（人物）との間の絆やつながりを意味し，安全・安心・保護への要求にもとづいた絆のことである。乳幼児期や児童期には，もっとも重要なものといえる。

家庭で特定の人となる家族との愛着関係を築くことは，子どもの情緒の安定に直結する。子どもにとって特定の人との愛着関係を築くことが，人と関わる力……人間関係の基盤を培うことになる。

愛着は，生理的ケア（授乳やおむつ替えなど）の有無とは関係なく，情緒的なやりとりをする相手との間に形成される。乳児が空腹や不快な状態であるときに声をあげたり，泣いたりするときに，養育者がタイミングよく接したり，適切にケアしたり，や

さしく抱きしめたりするするなどの肯定的なやりとりの積み重ねにより，信頼の絆が深まり，愛着が形成される。

　乳児が泣いたり笑ったりしたとき，養育者はその要求や感情が何かをすばやく察知し，オムツ交換，授乳や離乳食を食べさせる，抱っこをするなど，適切な関わりを行っている。その対応の積み重ねが家庭での養育の基本となる。

　乳児は特定の養育者との間に愛着関係が築かれることで情緒が安定し，基本的信頼感を獲得する。基本的信頼感を獲得することによって，養育者以外の人とも恐れずに関われるようになる。

　乳幼児期は，人間関係の基盤を培う非常に重要な時期であり，毎日が発見の連続である。乳児は興味・関心をもった対象を触る・舐める・かじる・投げてみるなどして直接関わろうとする。このような乳児の姿は生涯の学びの出発点であり，学びの芽生えといえる。家庭のなかで育む人間関係が，乳幼児にとってほかの人との関わりを深める基礎となっている。

②乳児の人と関わる力

　人間は生理的早産の状態で生まれてくる。誕生直後から自分以外の他者と関わり，他者から養育されながら成長する。生後約半年の間に急激な成長をとげる。生まれたばかりの首が据わらず自分で身体を支えられない状態から，首が据わり，腹ばいの姿勢がとれるようになる。

　生後3か月ごろまでの間，睡眠時などに表れる生理的微笑は，乳児を取り巻く養育者を穏やかな気持ちにさせる。また，養育者が優しく世話をしたり乳児に関わることに対して微笑み返すという相互の関わりを重ねるうちに，乳児は特定の養育者との間に愛着を形成する。この愛着行動は3か月ごろまでは誰にでも向けられるが，個人差はあるものの生後6か月を過ぎると，母親や父親など特定の養育者への明確な愛着行動を示すようになる。この時期は特定の養育者から離れることを嫌がり，泣きながら後追いをしたり，しがみついたりする姿がある。

　認知面では自分を世話し，安心感を与えてくれる人とそうでない人の区別が可能になる。今まで見たことがない人に対しては不安を覚えて泣き出すなど，一般的には人見知り（8か月不安）と呼ばれている。

　乳児は，これらの段階を経て基本的信頼感を形成していき，人間関係の基礎を築いていく。この安心できる養育者に見守られながら，いろいろなことに挑戦しようとする姿が出てくる。養育者は，乳児の安全基地となり探索活動を支えてほしい。この生後6か月あまりの間に，乳児は受け身の存在から，自分から人や物に関わろうとする意志や自発性が育ってくる。

生後1～2か月の感情は快・不快のレベルで、それを表す方法は泣くことが主であるが、4か月ごろからは喜怒哀楽という情緒の分化が進んでいく。生後2～3か月ごろからクーイング、生後4か月ごろから「あーあー」などの喃語を発声するようになる。養育者は、乳児の発声に優しく応じることで子どもは安心する。次第に養育者の声かけに応じて声を出したり、自分で声を出して呼んだりするようになる。0歳児後半の反復喃語、音声模倣などの過程を経

て、1歳前後になると「ママ」「マンマ」などの言葉を話すようになる。また、生後10か月ごろから指差しを行うようになる。

③家族のなかで身につくルール

各家族にはそれぞれいろいろなルールがある。家族みんなが気持ちよく生活するためにルールがあり、子どもは育つ過程でさまざまなことを学び、実践していく。

乳児のころは、年上の家族に守られて成長するが、家族の姿を見てまねをしたり、教わったりしながら、さまざまなことを身につけていく。たとえば、食事のマナーや手洗い・うがい、早寝早起きなどの基本的生活習慣を身につけることである。さらに挨拶やお礼を言葉や態度で示すこと、自分のことは自分でする、手伝いをするなど、家庭で身につけたことがその子どもにとって社会生活の基本となる。家族にほめられたり怒られたりしながら、家庭でいろいろなルールやマナーを学び身につけることは、その後の集団生活のなかで生活する上で役立つといえる。

子どもは、はじめての集団生活となる幼稚園、保育所、認定こども園などでいろいろなことを体験する。そこでは家庭とは異なるルールやきまりがあることを知る。家庭で身につけた規範意識をもとに、園のルールやきまりを理解することにつながる。家族が子どもに基本的習慣や生活に必要なルールやきまり、他者への思いやり、善悪の判断をていねいに伝えていくことが重要なのである。

6 地域社会のなかで育む人間関係

{1} 地域社会と子どもの関わりの現状と課題

①地域社会における他者との関わりについての捉え方

現代では、家庭環境がより多様化、孤立化しており、さらには子どもを取り巻くさ

まざまな事件から容易に地域の人たちと関わる難しさが増している。さらに近年では，感染症の影響により，家族関係の悪化なども要因になっている[20]。そのため，園においても感染症対策や安全の配慮などから，気軽に地域の人たちが園に訪れる機会もそう多くないという現状がある。

　しかし，子どもたちは，さまざまな人と関わる経験から，言葉や気持ちなど多様な学びや育ちを得ている。そして，そのような経験から，園から地域へと，視点を広げていくのである。『幼稚園教育要領解説』にも「幼稚園生活において保護者や周囲の人々に温かく見守られているという安定感や，教師との信頼関係を基盤に，学級の幼児との関わりから幼稚園全体へ，更に地域の人々や出来事との関わりへと，次第に広がりをもっていく」[21]と示されている。

　園から地域へと視点を広げていくためには，まず家族や園生活で毎日関わる保育者と安心・安定した関係が構築されていくことが大切なのである。そのような土台を踏まえ，子どもたちは他者や社会へ関心を向けていく。その経験の積み重ねにより相手の気持ちを理解したり受け入れたりできるようになる。年長児ぐらいになると，たとえば，友達が困っていたら思いやりの言葉をかけて手助けしたり，気持ちが共有され一緒によろこんだりしていくというような，他者に対して自分が役に立つという実感を得るようになる。そして他者へ関わることへの興味・関心も育っていくのである。

　つまり，子どもは，地域社会へと人との関わりを広げていく経験から，自分なりの役割も見いだす経験も得て，さらに人との関わりを広げ，人と関わることについての安心感を獲得していくのである。

事例 ⑬　｜　いってきます！

（3歳児，12月）

　今日はクラスのみんなで駅前のクリスマスツリーを見に行く。散歩の準備をして，友達と手をつなぎ出発した。駅までは，商店街を歩いていく。

　お店の人が店先にいる場合，先頭の担任のユウカ先生が「こんにちは」と挨拶すると，子どもたちも自然に「こんにちは」と挨拶をした。商店街のさまざまなお店に，子どもたちは興味津々の様子。「あっ，あそこにもサンタさんいる！」「プレゼント，これがいいな」など，友達と伝え合いながら，でもしっかり前を向いて歩いていった。

　お花屋さんの前を通りかかったところ，お店の人が「あら，お散歩，どこまで？」と話しかけてきた。そこで，子どもたちは「駅だよ」「クリスマスツリー，見にいくの」と答えた。お店の人は「気をつけていってらっしゃいね」というと，子どもたちは「いってきます！」と答えていた。

　普段あまり園外に出る機会のない幼稚園の子どもたちにとって，外に出ること自体が期待も大きく特別感があり楽しみである。しかも，担任の先生とクラスのみんなと一緒なので安心感がある。そのような状況なので，担任の保育者が地域の人たちへ挨拶する姿を見て，子どもたちも自然と挨拶できたのであろう。

　さらに自分たちで地域という環境にたくさんのアンテナを張り，得た情報を伝え合っている。そして，お店の人に話かけられても，とまどうことなく対応している。これらは，保育者やクラスの友達と一緒ということはもちろんであるが，地域の人たちが普段から温かく見守ってくれているからこそ，自然に対応できたのであろう。

　子どもたちは，このように安心できる人と一緒だからこそ，地域の人たちへの挨拶や対話，自分なりの発見など，地域への親しみを通して社会性を身につけていく経験ができるのである。

②地域社会における人間関係を通しての育ち

　園や家庭を基盤とした地域社会との関わりとはどのような関わりであろうか。また，そのような関わりから，子どもにどのような育ちがあるのだろうか。

　幼稚園教育要領には，「幼稚園内外の様々な環境に関わる中で，遊びや生活に必要な情報を取り入れ，情報に基づき判断したり，情報を伝え合ったり，活用したりするなど，情報を役に立てながら活動するようになるとともに，公共の施設を大切に利用するなどして，社会とのつながりなどを意識するようになる」[22]と示されている。子どもたちは，園の環境はもちろん，散歩や遠足など園外での経験，家庭における経験を通して，そこで出会う人や場との関わりから，人との関わり方や対応の仕方など社会性を育んでいくのである。そして，そこで生まれた興味・関心につながる情報を友達などと伝え合う経験をしていく。さらに地域内のさまざまな施設を訪れて利用することで，自分と社会とのつながりを理解していくのである。こうして子どもたちは，

人と関わる場を自分から広げていくのである。

　また，子どもは，地域社会との関わりを通して，自分なりに必要な情報を収集したり，吸収したりしていくのである。それらを自分の生活や遊びなどに取り入れたりする。地域社会におけるさまざまな公共の施設の利用を通して，人前での態度や振る舞いなど，社会性を身につける機会を得る。したがって多様な経験や育ちができる乳幼児期における地域社会とのつながりは必要かつ大切だといえる。

事例⑭ ｜ **気になる！　知りたい！**

（5歳児，7月）

　ある日の給食にスイカがでた。そこで，カズトくんは「スイカって種がたくさんだね。みかんはあんまりないのにね」というと，ノノカちゃんは「じゃあ，スイカのほうが種が多いから，たくさんできるのかな」と答えた。

　するとリンカちゃんは「ヒマワリの種のほうが大きいから，大きいほうが，たくさんできるんじゃない？」という。「いろんな種を見たいね」「気になる！」と子どもたちは植物の種について興味が広がっていった。

　そこで子どもたちは保育所の応接室に集まり，図鑑で種について調べ始めた。次の日，カズトくんが「ママに聞いたら，朝顔の種がおうちにあったよ」ともってきた。担任のアヤ先生も一緒になって種をケースに並べた。「先生，もっといろんな種が見たい！」「あっ，保育園の近くのお花屋さんに聞いてみる！」と子どもたちの興味関心はどんどん広がっていった。

　スイカの種を植えるのではなく，スイカの種からさまざまな種に興味をもち，そこからさらに種の大きさなどにもつなげている。一人の興味・関心から，まわりの友達へもその興味・関心が広がり，さまざまなアイデアがでてくる。そして，自分たちで調べる，探すなどの行動に移っていく。まさに，探求心の育ちといえる。

　さらに，家族や保育者など，まわりの大人へ伝えることで自分たちの興味・関心を広げたり，深めたりしている。そして，どうしたらもっと知ることができるのかという疑問について「お花屋さん」が浮かんだのだ。このように子どもたちは，自分たちの興味・関心をどう広げたり深めたりしていくのか試行錯誤していく。そのようなきっかけが地域とのつながりにもなっていくのである。

事例⑮ なるほど！

（5歳児，7月）

　　子どもたちの種への興味・関心は，どんどん深まっていった。そして近所のお花屋さんに行って，種についてたずねることになった。

　　お花屋さんでは，花の種をいくつも見せてくれた。子どもたちは知らない花もあるが，たくさんの花の種に興味津々。そこで，カズトくんは「じゃがいもとかチューリップの種もありますか」と質問する。「それはこういう種じゃないんだよ。種芋や球根なの。あそこのホームセンターのほうがたくさんあるかもしれないね」と教えてもらった。子どもたちは，「種」と「種芋」「球根」と頭の中がぐるぐるしてきた。

　　担任のアヤ先生と相談し，今度はホームセンターを訪問することにした。ホームセンターでは，さらにたくさんの種を発見した。「種芋」や「球根」，さらには「苗」の話も聞くことができた。そこでも子どもたちは，さまざまな質問をした。そして，「食べ物ができるって種だけではないんだね」「いろんな赤ちゃんから大きくなるんだね」「育ててみたいね」と話しながら園に戻った。

　　園に戻り，撮らせてもらった写真を貼ったり，それに絵や文字を描いてオリジナル図鑑づく

りが始まった。担任のアヤ先生は「みんなもいろんな人と関わって，いろんな風に大きくなってきたんだよ」と話した。子どもたちはその後，自分たちでつくったオリジナル図鑑をアヤ先生に印刷してもらい，それをお花屋さんやホームセンターにお礼として贈った。もちろん子どもたちの「種探検」は，まだ続いている。

　　子どもたちの「知りたい」という探求心の力は，大人の想像を超えることがある。園にある図鑑などからの情報だけでは限界があったが，実際に専門家に話を聞くことで感心したり，発見したり，さらに興味・関心を深めている。新たな知識を吸収し，思考力を働かせている。それらを仲間と共有している。

　　そして単に情報を収集しただけでなく，図鑑づくりをして発見する楽しさを味わっている。地域の人たちとの関わりを通して，まさにインプットとアウトプットを往還してる。子どもたちは，このようにさまざまな人との関わりを通して，自分たちの興味・関心を深めたり広げたりできることを実感している。最後にお礼の図鑑を送って

いるところも，他者とのつながる方法を学んでいるのである。

　たとえば，情報だけを得るのならタブレットなどを用いれば，簡単に知識を得ることができるのかもしれない。しかし，実際に地域の人たちのもとへ訪れることにより，地域とのつながりはもちろん，子どもたちの聞く姿勢や，大人との関わり方，訪問方法など，さまざまな社会性も学んでいるのである。

③地域社会とつながる保育者の援助

　事例⑭，⑮のような実践は子どもたちの力だけでは難しい。保育者の配慮や援助があったからこその実践である。子どもたちの興味・関心をどう広げていくのか，それらをきっかけにどう地域の人たちとどうつながっていくのか，保育者自身も試行錯誤しながら実践していく。

　さらに事例⑮では，保育者が子どもたちの成長について話している。この言葉からも，情報収集だけでなく，具体的な経験を通して，子どもたちの成長がたくさんの大人から影響を受けていることを実感できるようにという，保育者の願いが込められているのである。子どもたちの興味・関心がどこへ向かっていくのかという視点を念頭に置き，それらがより多様な経験につながるように，保育者自身が視野を広げておくことが必要である。

　そして保育者には，さまざまな方法で情報を収集できるような工夫が求められる。たとえば，絵本や写真，新聞の用意，インターネットが使用できる環境など，保育室の環境構成，地域からの情報を得られる機会を設けることも必要である。このようなさまざまなツールを介した保育者の援助により，子どもは地域社会と関わり自ら身近な環境を通して，必要な情報を取り入れ，収集して活用する力が育まれる。

　また，子どもの興味・関心を地域の行事やさまざまな文化に触れる機会につなげていくことも大切である。新たな発見や人との関わりの場になっていくからである。そのような場合，保育者がどう関わるのかモデルとなる場でもある。子どもたちは，保育者というモデルを通して，地域の人たちとつながり，人との関わり方，方法などを学んだり，自分自身の育ちを振り返る経験をしたりしているのである。

事例⑯ ｜ 元気かなぁ

（5歳児，1月）

　今日は，園の近所にある特別老人ホームへ年長児が訪問する日。前回は，10月に訪問しており，ナナちゃんは，そのときに会ったおばあさんのことを思い出し，「元気かなぁ……」とつぶやいた。

① この事例から子どもと高齢者との関わりについて，社会性のほかに，どのような影響があるのか話し合ってみよう。

② 事例を踏まえて，読者のみなさんが幼稚園，保育所，認定こども園などに通っていたとき，どのような地域との関わりがあったのか経験を伝えあってみよう。

保育者は，子どもたちの興味・関心をていねいに読み取って，地域とつながる機会を計画的に保育に取り入れていきたい。

{2} 小学校とのさまざまなつながり

①小学校とのつながりを通した人間関係を通しての育ち

年長児の秋にもなると就学前検診が始まることもあり，就学への関心も高まってくる。小学生の兄姉の用事で小学校を訪ねた子どももいる一方，はじめて自分が通う小学校へ行く経験をする子どももいる。そのような経験や関心は，学校ごっこやランドセルづくりなどの遊びにも見られるようになる。子どもたちなりに小学校への情報を得たり，イメージを描いたりしている。

一方，子どもたちの就学についての不安も大きい。たとえば，年長組のユキナちゃんは，就学前検診から戻ると，担任保育者に「小学校はお勉強があるからドキドキする」と不安を伝えていた。子どもにとって漠然としたイメージしかない小学校への不安は期待と同じくらい大きい。

小学校の体験学習で，幼稚園や保育所，認定こども園に小学生たちがやってきて一緒に遊んだり，絵本や紙芝居を読んだりしてもらうという関わりがあることもある。また，近隣の小学校へ園児たちが訪問したりすることもある。子どもたちは，小学生の存在を知る経験，その関わりなどから，小学校へのイメージを捉えていく。園のことを小学生に伝えたり，逆に小学生へ質問したりする経験から，年上の人との関わりについて学んでいく。

このように，乳幼児期における小学生との関わりの経験が，小学校生活での人との関わる楽しさや自ら情報を収集する力の獲得につながったり，年上の人との関わり方の習得につながっていく。

②小学校とつながる保育者の援助

5歳児のサトシくんは，小学校は学区の都合で同じ園からは一人で行くことになる。「一人はいや」と最近よく保育者に話している。あなたがサトシくんの担任だったらどのような援助をするだろうか。

保育者として子どもたちが，まず安心し期待をもって就学できるような援助の工夫が大切である。小学校を知ることだけでなく，さまざまな人と関わる経験を通して，

質問できる力や年上の人との話し方，関わり方なども学べる機会をつくることもよいだろう。また，安心して年上の人と関われる環境をつくったり，保育者自身が積極的に小学生と関わる姿を見せたりすることも大切である。

　乳幼児期のさまざまな人と関わる経験が，新たな小学校での生活への期待を高め，安心感をもって就学へ向かっていけるようになるのである。

7 | 異文化との関わりのなかで育む人間関係　―多様性，異文化との出会い―

{1} 保育をとりまく多様性・異文化

　外国につながりのある子どもの増加（外国籍の子ども，両親のどちらか一方が日本語を母国語としない家庭の子どもなど）により，園での外国にルーツのある子どもたちの割合が地域によっては増加している。これに伴い，乳幼児期の子どもたちも「民族や文化の違い（肌や髪の色・顔つきなど身体的な特徴の違い。言葉・食事・服装・音楽・舞踊など狭義の文化的違い。価値観・宗教・歴史などの違い）」[23]に触れることが増えてきている。

　文部科学省の調査によると，公立学校における日本語指導が必要な児童生徒（日本国籍含む）は，2018（平成30）年度に5万人超となり，10年間で1.5倍に増えたとされている[24]。そして児童生徒のうち2割以上が，日本語指導などの特別な指導を受けることができていない。また，2019（令和元）年度の調査では，約2万人の外国籍の子どもが就学していないか，就学状況が確認できていない状況にあることが明らかになっている[24]。この調査は就学後，つまり小学校以上の子どもに関するものではあるが，それらを踏まえても乳幼児期の子どもたちにおいて言葉に関する問題は大きいと考えられる。

　このように，保育においてもさまざまな母国語や国の文化，いろいろな国籍の人々との関わりなど，多様性や異文化に関わる機会が増えることによって，子どもたちの園での経験も広がっていく。

事例 ⑰ | わあ，おいしそう！

（3歳児，9月）

　今日はお弁当の日。いつも給食の子どもたちにとっては特別な日であり，楽しみの日でもある。保護者の仕事の都合でアメリカから日本に引っ越してきたメリーちゃんにとっても，日本のこども園で食べるはじめてのお弁当になる。

　お弁当の時間になり，さっそく子どもたちは準備を始める。各自のナプキンの上にお弁当箱を置く。メリーちゃんも日本に来てから購入したお弁当箱を保育者に手伝ってもらいながら準備した。そして，みんなで「いただきます」の挨拶をした。

　メリーちゃんがお弁当のふたを開けると，そこにはピーナッツバタークリームが塗ってあるサンドウィッチが入っていた。まわりの子どもたちが「わあ，おいしそう！」と声をかける。担任のユカリ先生も「ほんとだ！　先生，ピーナッツバタークリーム，好き！」と伝えます。するとメリーちゃんは，にこっと笑ってサンドイッチをほおばった。

　お弁当も国や地域の文化によってさまざまである。日本の園では色とりどりのお弁当が多く見られるが，外国ではシンプルなお弁当が多い。子どもたちは，メリーちゃんとはじめて一緒に食べるお弁当に興味津々だっただろう。

　そしてピーナッツバタークリームのサンドイッチをみて，斬新であると感じたり，子どもによってはおやつでいただくものに近い食べ物と感じたかもしれない。まわりの子どもたちの「わあ，おいしそう！」という反応や，担任の先生が「好き」と表現したことにより，メリーちゃんにとっては，日本でのはじめてのお弁当の時間について安心感をもてたことだろう。

　お弁当の中身についてもその国や地域の文化などが伝わる。そのような場合，共に

過ごす子どもや保育者がどう反応するのかによって，その子がこれまで当たり前であったことを否定されてしまうことがないよう配慮が必要である。「お弁当の中身」という何気ないことだが，それらの一つひとつをはじめて経験する子どもにとっては緊張の瞬間でもあるからだ。一方，このような場面をきっかけにして，子どもたちは多様な文化につながりをもてるのである。

　事例で見たように，とくに食事は宗教を含む文化の違いによって，食べるもの，食べ方など，実にさまざまである。保育者は，その国やその家庭での習慣やきまりなどあらかじめ確認しておく必要がある。そのような配慮が事例のように子ども同士がつながるきっかけになっていくからである。

　また，このほかにも園生活において文化の違いを感じる場面はある。子ども同士がつながる，関わるきっかけと捉えて，保育者はそれを認めるよう配慮していきたい。

{2} 異文化に触れることから広がる関わり

　近年，異文化や多様性など，乳幼児期から言葉を含めて外国や外国の人たちに触れる機会も増えている。その背景には，先述したように園における外国にルーツのある子どもたちの増加もあるが，日本の子どもたち自身が外国に行く機会が増えたこともある。以前より子どもにとって外国は身近な存在になっている。

事例 ⑱ ┊ 行ってみたいね，タイ

（4歳児，7月）

　タイキくんが，保護者の転勤の都合でタイに行くため，幼稚園を退園することになった。子どもたちは「タイってどこ？」と疑問が生まれた。

　そこで担任のノボル先生は，世界地図やタイの食べ物，建物などの写真を印刷してクラスの壁にタイコーナーをつくった。子どもたちは，「遠いね」とか，「これ，おいしそう！　タイキくんも食べたかな」などと写真を見ながら話している。

　そんなある日，タイにいるタイキくんからクラスのみんなにお手紙が届いた。さっそくクラスで集まり，ノボル先生は届いた封筒の表に英語で書かれている住所や切手について子どもたちに見せながら話した。子どもたちは，みんな興味津々！　「どうやって日本に届いたの？」「タイは英語なの？　タイキくん，お話できるのかな」などと質問や疑問も次々と出た。

　そして，タイキくんからの手紙をノボル先生が読む。ノボル先生が「タイの給食は食べ放題，好きなものを好きなだけ食べられるから，いつもお肉いっぱい食べていますだって」と伝えると，子どもたち「いいな〜」「タイ，行きたい」と興奮気味に反

応した。タイキくんのタイでの写真もみんなで見た。そこにはタイにいるさまざまな外国籍の子どもたちが写っていた。子どもたちは「友達たくさんいるね」「タイキくん，友達できてよかったね」と伝えあっていた。

　その後，ノボル先生は，タイキくんからの手紙をタイコーナーに貼りつけた。そして，食べ物などの写真を見て子どもたちは，さまざまなことを話しあっていた。

　事例⑱の解説を読む前に，まずは次の３つについて考えをまとめてほしい。自分の考えをまとめてから解説を読むことで，理解がより深まるからである。

① 　この事例での子どもたちは多様性や異文化について，どのように捉えているだろうか。

② 　このような経験は子ども同士の関わりにどのような影響をおよぼすだろうか。

③ 　①と②で考えたことをグループで話しあってみよう。

　この事例は，直接外国にルーツのある子どもや外国とはつながってはいない。しかし，クラスの友達の引っ越しをきっかけに，子どもたちはたくさんの多様性や異文化に触れることを経験している。たとえば，タイがどこにあるのか知ることにより，日本以外の国に触れたり，さらにタイ以外の国への関心へもつながったりする。そして，ノボル先生が保育室の環境構成としてタイコーナーを設置したことにより，子どもたちのイメージが広がっていった。それらを共有することにより，「調べてみよう」という共通の目的につながったとも考えられる。

　このように友達の引っ越しをきっかけにして，一緒に異文化への関心をもったことで，異文化への親しみを感じることができる。そして，その思いを友達と共有することができる。自分たちでさらに調べる経験を通して，発見したことのよろこびを共に味わう経験もできるのである。

日常生活のなかで多様性・異文化に触れる機会をもつことは，知識の獲得だけでなく，多文化を受け入れる視野や社会のあり方についての理解も育むことにつながるのである。多角的に捉えられるような援助や環境構成の工夫が大切である。

{3} 保育の課題と保育者の援助

①子どもの発達と課題

　事例⑱のように，現代では情報を得ることが容易になり，子どもは異文化・多様性を受け入れることや経験することの大切さを知ることができる。子どもたちは，何もせずにこれらの力を育んでいくのではない。

　異文化や多様性について子どもの発達の視点から捉えると，「7歳以前の子どもの他者に対する態度は，恐れや喜びといった感情や外面的で観察できる特質に左右されており，また幼児期の自己中心性や自集団と他集団の違いにとらわれて，相違を誇張する傾向に起因している」[25]という。園生活という集団生活のなかで，こういうときはこうする，こう言うといったように同調的な行動を求められることが多々あり，そのときの理解や捉え方などによって，異なる行動や発言があると指摘したり，排除したりしてしまうというような傾向を意味するといえる。

　増えてきているとはいえ，まだ日本では他国に比べ異文化に触れる機会は多くない。では，発達的なことだから，その時期を過ぎれば自然と受け入れられるのかというと，やはりさまざまな経験の積み重ねによって難しくなる場合もある。子どもの発達を理解した関わりが重要になってくるのである。

②保育者の援助

　発達を踏まえたうえで，事例⑰，⑱のように，子どもたちが異文化や多様性に出会ったときの傍にいる大人，園ではおもに保育者の態度や関わりが重要である。

　多様性を尊重する保育の視点について，そもそも日本の保育では，子どもの「個性」の尊重，「個人差」への配慮という視点から，「個」としての子どもは「集団」とともに，保育実践の視点として重視されているのである。

事例⑲ ┊ まかせて！

（5歳児，4月）

　4月に転入してきたレイジくんは母親がスペイン国籍，父親は日本国籍である。父親が平日は仕事のため，レイジくんの送り迎えなどは母親が担っている。
　担任のナオフミ先生は，レイジくんの母親とのコミュニケーションを取るため，ス

ペイン語の習得を始めるが，そう簡単に上達はしない。そうしたなかでクラス懇談会があり，スペイン語で対応できる保護者が仲介を申し出てくれた。担任のナオフミ先生は，その保護者を通してレイジくんの母親ともコミュニケーションが取れるようになった。

　また，レイジくんの園生活について，言葉の面で担任のナオフミ先生は心配していた。そこで<u>園生活の仕方などについては，5歳児ではあるが絵表示なども使って，ていねいに関わる</u>ことにした。クラスの子どもたちは，レイジくんと積極的に関わり，いろいろ世話をしてくれている。レイジくんは，クラスの子どもたちと日本語で生活していくうちに，徐々に日本語を獲得していった。

　スペイン語についてレイジくんにクラスの子どもたちが教えてもらう姿も見られた。担任のナオフミ先生は，子どもたちのコミュニケーション力に感心し，「みんないろいろな言葉を知っていて，すごいね！」と伝えると，「まかせて！」と自信にあふれた表情でクラスの子どもたちは応えた。

　事例⑲の下線の援助について，なぜこの援助を取り入れたのか発達の視点を踏まえ考えてみよう。自分なりの考えをまとめてから，引き続き解説を読んでほしい。

　5歳児の園生活は，すでに基本的生活習慣を獲得している。そのなかであえて，絵表示などで生活について援助しているところが，個人（レイジくん）への配慮である。すべてを集団に合わせるばかりではなく，その子どもにあわせて対応していくことも大切にしていきたい。

　また，担任保育者は，レイジくんについてはクラスの子どもたちと共にという意識をもち関わること，自分の関わりがクラスの子どもたちに影響すること，自分がモデルとなって関わっていくことなどを念頭に置いて保育実践をしていったのだろう。だから，クラスの子どもたちは最初はとまどいもあったのかもしれないが，担任保育者のレイジくんとの関わりをみて自分たちも安心して関わっていったのだろう。

さて，この事例において「○○しちゃだめだよ！」のように，否定的な表現で接しているクラスの子どもがいた場合，読者のみなさんがこのクラスの担任だったらどうするだろうか。

　どのような言葉がけを考えただろうか。言葉がよくわからない上に，なんだかクラスの友達が怒っているようだったら，レイジくんは不安になってしまうだろう。レイジくんに園生活の方法を伝えていくとともに，クラスの子どもたちにも伝え方や関わり方を，ときには保育者がモデルとなり伝えていくことが大切である。

　また，子どもたちなりにさまざまな受け止め方や受け入れ方をしていく。子どもたちが感じている自分との違いについても理解し，受け止めていくことも大切である。そのような保育者の態度が，子どもたちの捉え方に影響をおよぼしていくからである。保育者の態度が，互いに尊重し合い，対等な関係を築いていく価値観を育てるという人権教育のつながっていくのである。園生活のなかで保育者は，これらの意識をもつことはもちろん，「子どもを指導しなくては」という意識だけではなく，共に育んでいく姿勢が大切である。

　そのために必要な保育者の援助の一つが，子どもに対しての言葉の援助である。子どもにとっての母国語や普段なじみのある言葉で働きかけることである。不安な子どもの気持ちを理解し，少しずつでもその子どもにとってなじみのある言葉で関わっていく。次に，安心して理解して過ごすために，園生活の仕方についての伝え方の工夫をすることである。絵表示の工夫や，くり返していねいに一つずつ伝えていく。

　また，クラスの子どもたちへの配慮である。子どもの適応する力には感心する。保育者だけががんばるのではなく，同じクラスの仲間として子どもたちと言葉を伝え合ったり，使い方や関わり方を考えたりするなど，共有していくことが大切である。そのような関わりから，いつも担任保育者の橋渡しになるのではなく，クラスの子どもたちが互いに関わり，自然と助け合い，つながる関係ができていくのである。

事例 ⑳ ｜ あの子，髪，金色

（3歳児，4月）

　アメリカで生まれ育ったマリーちゃんは，父親の仕事の都合で4月から日本にやってきた。両親ともアメリカ人である。マリーちゃんは髪の色が金色。また，背丈もほかの子どもたちを比べてひとまわり大きく，入園式の日から目立つ存在になった。同じクラスになったミナちゃんは，担任保育者に「あの子，髪，金色」といってきた。

　ここまでの解説を踏まえて，事例について以下を考えてみよう。

① 読者のみなさんが担任保育者だったら，ミナちゃんにどのような応答をするか？

② 今後のクラス経営について，どうしていくかグループで話し合ってみよう。

③ 読者のみなさんは，自分自身の園生活で外国にルーツのある子どもとの関わりはあっただろうか。あった場合，どのように共に生活していたか。また，保育者の関わりはどうだっか。思い出し話し合ってみよう。

保育者は外国にルーツのある子どものことも含めて，クラス経営していく自覚が必要である。そうした自覚がこれからの子どもの関わり方や育ちにつながっていく。そのことを自覚して保育実践しくことを大切にしてほしい。

8 特別な配慮や支援のなかで育む子どもの人間関係 ---

{1} 特別な配慮や支援を必要とする子どもと人間関係

　保育の場は，子どもがはじめて経験する小さな社会である。子どもは保育者や他児と関わりながら，その子ども自身のペースで成長・発達する。保育者は，子ども一人ひとりの発達の道筋を見守りつつ，子どもが自らの力を十分に発揮できるように環境を整えなければならない。

　障害のある子どもや発達に遅れやつまずきがあり，他者とのコミュニケーションに困難さがある子どもの場合，自分から他者に働きかけて関係を築くことが苦手である。人への興味・関心が乏しく自分から人と関わろうとせず，同年齢の子どもと一緒に遊ぶことよりも一人で遊ぶことを好む。

　また，一緒にやりたいという思いはあっても，上手に他者と関われない子どももいる。適切な方法で自分の気持ちを表現したり，相手に伝える力が弱かったり，相手のメッセージを受け止め，意図をくみ取る力が弱いために，「自己中心的」「わがまま」という受け止め方をされてしまうこともある。

　さらに，障害の診断は受けていないものの，友達と上手に遊べない，マイペースで集団行動が苦手である，ルールを守ることや感情をコントロールすることが難しいといった「気になる行動」を示す子どももまた，集団での遊びや活動への参加に困難さをもっている。場の空気を読んだり，相手の気持ちを察することが苦手なため，悪気はない行動でも相手を傷つけたり，トラブルになったりすることもある。

　このように，集団が苦手な子どもにとって，人と関わることは楽しさよりもむしろ

苦痛や不安を伴う経験になる。そのため，保育者は，子ども同士の関係の結び目をていねいにつくりながら，関係の紐帯を強めたりほどいたり，拡げたり狭めたりしていく必要がある。相手に意図が的確に伝わるように，子どもたちの間に入って代弁や説明をすることも保育者の大切な役割である。保育における人間関係は，子どもの個性や特性を理解し，子どもの思いに寄り添った配慮や支援を行いながら育まれる。

{2} 特別な配慮や支援を必要とする子どもへの指導と保育

障害のある子どもや発達に遅れのある子どもの指導や保育については，次のように示されている。

『幼稚園教育要領』
　第1章　第5　特別な配慮を必要とする幼児への指導
　1　障害のある幼児などへの指導
　　障害のある幼児などへの指導に当たっては，集団の中で生活することを通して全体的な発達を促していくことに配慮し，特別支援学校などの助言又は援助を活用しつつ，個々の幼児の障害の状態などに応じた指導内容や指導方法の工夫を組織的かつ計画的に行うものとする。また，家庭，地域及び医療や福祉，保健等の業務を行う関係機関との連携を図り，長期的な視点で幼児への教育的支援を行うために，個別の教育支援計画を作成し活用することに努めるとともに，個々の幼児の実態を的確に把握し，個別の指導計画を作成し活用することに努めるものとする[26]。

『保育所保育指針』
　第1章　3（2）指導計画の作成
　キ　障害のある子どもの保育については，一人一人の子どもの発達過程や障害の状態を把握し，適切な環境の下で，障害のある子どもが他の子どもとの生活を通して共に成長できるよう，指導計画の中に位置付けること。また，子どもの状況に応じた保育を実施する観点から，家庭や関係機関と連携した支援のための計画を個別に作成するなど適切な対応を図ること[27]。

　幼稚園や保育所などで行われる保育は，子ども一人ひとりの発達過程や障害の状態を踏まえた個別の配慮や支援を行いつつ，集団を通じて子どもが共に成長することを目指すものである。障害の有無にかかわらず，一人ひとりの子どもが集団を通じて成長できる人間関係を育むことが大切である。
　また，障害のある子どもの支援に関する基本的事項について示された『児童発達支

援ガイドライン』には，障害の有無にかかわらず保育の場での成長を促していくといった「インクルージョン」の方向性が示されている。

『児童発達支援ガイドライン』
　5.「障害のある子どもへの支援」
　（略）… 3歳以上の障害のある子どもの場合には，個の成長と，子ども相互の関係や協同的な活動が促されるよう配慮しながら支援を行うとともに，地域社会への参加・包容（インクルージョン）を推進する観点から，できる限り多くの子どもが，保育所や認定こども園，幼稚園の利用に移行し，障害の有無に関わらず成長できるように，児童発達支援センター等においては児童発達支援計画を組み立てる必要がある[28]。

「インクルージョン（inclusion）」とは「包摂」「包含」「すべてを包み込む」という意味であり，反対語は「エクスクルージョン（exclusion）」で「排除」である。「インクルーシブ（inclusive）」保育は，障害の有無にかかわらず，多様な子どもたちが共に学び，共に育つことを大切にする保育である。

{3} 障害のある子どもと障害のない子どもが共に育つ保育

　1994年にスペインのサラマンカで，ユネスコの「特別ニーズ教育に関する世界会議」が開催された。インクルージョンの原則とインクルーシブ教育の推進について示したものが「サラマンカ声明」である。この声明には，障害のある子どもやギフテッド，ストリート・チルドレン，労働児童，人里離れた地域の子どもや遊牧民の子ども，マイノリティー，恵まれない環境にある子どもなど「特別な教育的ニーズ」を有する子どもを含む，すべての子どもを「インクルーシブ教育」の対象としている。そして，「インクルーシブ教育校は，特別なニーズをもつ子どもたちと仲間たちとの連帯を築き上げる最も効果的な手段である」[29]としている。
　日本においても，2012（平成24）年に文部科学省が示した「共生社会の形成に向けたインクルーシブ教育システム構築のための特別支援教育の推進」のなかで，

　　基本的な方向性としては，障害のある子どもと障害のない子どもが，できるだけ同じ場で共に学ぶことを目指すべきである。その場合には，それぞれの子どもが，授業内容が分かり学習活動に参加している実感・達成感を持ちながら，充実した時間を過ごしつつ，生きる力を身に付けていけるかどうか，これが最も本質的な視点であり，そのための環境整備が必要である[30]

とされている。

　子どもの発達のペースや過程は一人ひとり異なり，多様である。障害のある子ども
や多様なニーズをもつ子どもが，自分のもっている力を伸ばし，その力を十分に発揮
できるようにするためには，一人ひとりのニーズに応じて保育や教育的支援を行わな
ければならない。従来の保育，型通りの保育に子どもを合わせさせるのではなく，目
の前の子どもの姿に保育を合わせることが保育者には求められている。

　また，集団の場である保育において，保育者は「障がいのある子どもにとって」の
視点だけではなく，「障がいのない子どもにとって」の視点をもつことが大切である。
どちらか一方の視点だけでは，子ども同士のインクルーシブな関わりを妨げたり，子
どもが助け合ったり協力し合う機会を潰してしまうことがある。障害などの特別な教
育的ニーズのある子どもとない子どもの間に分離や分断，排除を伴う「障壁」が生じ
ないようにすること，物理的・心理的・社会的な「障壁」を取り除くようにすること
も，保育者の大切な役割である。

事例 ㉑ ｜ 運動会のリレー

（5歳児，9月）

　5歳児のマホさんは肢体不自由の障害があり，移動には子ども用の車椅子を使用し
ている。運動が大好きで意欲的な子どもである。
　マホさんが通う保育所の運動会では，5歳児が色組別対抗リレーをする。リレーは
運動会の最後のプログラム競技なので，子どもも大人も盛りあがる。保育者は，マホ
さんとクラスの子どもたちが保育園生活最後の運動会を一緒に楽しめるようにしたい
と考え，マホさんが乗る台車を子どもが引っ張ることをリレーに取り入れることにし
た。ルールは子どもたちと話し合って，次のように決めた。

① 台車を引っ張るのは，各色組2回までとする。
② 誰が台車に乗るのか，子どもたちが相談して決める。
③ いつ台車を引っ張るのか，子どもたちが作戦を考えて決める。

　保育は，障害のある子どもとない子ども，走ることが得意な子どもと苦手な子ども，
作戦を考えるのが好きな子どもと行動力のある子ども，消極的だけれど与えられたこ
とを一生懸命やる子どもなど，発達や能力が多様な子どもの集団で展開される。それ
ぞれがもっている力を発揮するだけでなく，集団の力（グループダイナミクス）も生か
すことで，個と集団の相互作用が生じる。クラス全体が成長し，子ども一人ひとりも
成長するのである。

{4} 個と集団の成長

保育における人間関係は，「個々」「一対一」「集団」の3つを軸に展開する。子どもがもっているコミュニケーションの力を活用しつつ，集団の規模や関わりの内容を拡げていく。可能な限り，大きな集団にいきなり入れようとするのではなく，保育者との一対一の関係，特定の子どもとの一対一の関係，小集団というように，スモールステップで行うと，子どものとまどいや不安が軽減できる。

また，活動の内容によって個・一対一・集団のいずれかで取り組むようにする。障害のある子どもや特別な教育的ニーズのある子どもの人間関係は，点（個）から線（一対一）へ，線から面（集団）へと拡がっていくように支援することが大切である。

図表3は，これらの3つの視点を示したものである。「個々」→「一対一」→「集団」のように一方通行，あるいは段階的に移行していくのではなく，双方向に行き来するなかで人間関係が育まれることを心に留めておきたい。

●図表3　集団での成長と個々の成長

①個々の成長

子ども一人ひとりの成長については，次のようなものがある。

①　身のまわりのことや活動を一人でできる（ADLの自立，製作）。
②　場面や気持ちの切り替え，折り合いがつけられる（遊び，活動，感情）。
③　チャレンジすることができる（運動，遊び）。
④　苦手なことを克服する（偏食，通院など）。

②一対一での成長

子どもと保育者，子どもとほかの子どもとの間（一対一）での関わりを通した成長には，次のようなものがある。

①　相手に気持ちを伝えることができる。
②　相手の話を聞くことができる。
③　相手と一緒に楽しむことができる。

④　お手伝い，貸し借り，かわりばんこができる。
⑤　相手の気持ちに寄り添うことができる（相手が嫌なこと，悲しいこと，苦しいこと，寂しいことなど）。

③集団での成長・集団の成長

集団にはグループのような小集団もあれば，クラスや園全体といった大きな集団もある。集団だからこそ経験できることには，次のようなものがある。

①　ルールや順番を守ることができる。
②　集団の活動（ゲーム，スポーツ，合作，合奏，行事など）に参加することができる。
③　集団の活動を楽しむことができる。
④　集団の活動で役割を果たすことができる（掃除，係など）。
⑤　集団の活動の目標を共有することができる（応援など）。

集団については，集団における個々の成長だけではなく，集団そのものの成長にも目を向けたい。一人ひとりが自分のもっている力を発揮し，できないことや苦手なことについてはお互いに助け合って乗り越えるという経験を通して，子どもは仲間がいることのよろこびや達成感を実感することができる。

{5} 特別な配慮や支援のなかで子どもの人間関係を育む

障害のある子どもや特別な配慮や支援が必要な子どもの人間関係を育む保育では，人と関わるよろこびや楽しさを知ることが大切である。

他者との関わりは，「言語」（音声言語・文字）や「非言語」（表情・ジェスチャー・指さし・アイコンタクト・発声など）のコミュニケーションによって成り立つ。コミュニケーションのスキルには「表出性コミュニケーション」と「受容性コミュニケーション」がある。表出性コミュニケーションとは，他者にメッセージを伝える力である。受容性コミュニケーションとは，他者からのメッセージを理解する力である。

知的障害や発達障害のある子どもは，自分の気持ちや要求を相手に伝える「表出性コミュニケーション」や，相手の意図を理解する「受容性コミュニケーション」に困難さがある。知らないことや目に見えないものを想像したり推測すること，抽象的な事柄を理解することが苦手なため，伝えるときは子どもの理解に合わせて簡潔で具体的なものにするとよい。

また，言葉や表情でのコミュニケーションが取りづらかったり反応が乏しく見える子どもに対しては，音，光，風，香り，揺らぎ，スキンシップ，言葉かけなどを用いて子どもがもっている感覚に働きかけ，心地よさを共有することが大切である。てい

ねいに関わるなかで，次第に子どもの発するサイン（体の動き，声，表情など）がわかるようになる。

　障害や特別な教育的ニーズのある子どもは，保育・教育の場から社会へとライフステージが移行するなかで，必要な支援を受けながら成長していく。「人との関わり」が「人とのつながり」へと発展するよう人間関係を育むことが大切である。

⟞Column ⑤⟝ 保育者になるにあたって大事なこと

　保育の場での子どもと保育者との関わりには，子どもと保育者双方の気持ちや考えや願い，それらを表すための言動があり，言動を理解する過程がある。そして，子どもが言動で内面の表出をするのは一瞬のことであり，よく注意していないと気づかないこともあるかもしれない。後から振り返ってみて，はじめて子どもの伝えたかったことを理解することもあるだろう。それは，保育に関する学びのなかで触れたエピソードよりも，ずっと複雑なことをしているように思えるかもしれない。

　子どもから見て保育者はどのような存在だろうか。一緒に生活をする人，ときには仲間のように接する人，そしてときには自分を見守る人，とても大好きな人，すてきに見えてまねしたくなる人といった存在かもしれない。

　子どもは保育の場で保育者と出会い，大切にされ，自分の存在を認められ，自分の周囲，そして自分を信じて大切にすることを学んでいく。保育者との心のつながりを拠りどころとして，自分の周囲の環境を自らの興味・関心によって探索し，より多くのことを学ぶようになる。

　「おもしろい」と思ったおもちゃで遊ぶことで，物の性質や関わり方を知り，保育者を仲立ちとしながら子ども同士でやり取りを始め，一緒に遊び，ときにはいざこざを経験しながらも，自分の気持ちを調整し，友達や仲間を受け入れ，人と関わる力を身につけていくのである。

　このようなことを考えれば，子どもにとっての保育者は，温かさを感じる相手であることや，保育者と子どもとの相互作用でつくられる学級の雰囲気が温かく受容的であることが大切であることがわかる。

　では，保育者はどのような態度で，温かさを表していくのだろうか。たとえば，一緒に生活をつくっていく相手として子どもの意見をよく聞いて取り入れたり，援助を求める子どもの気持ちを受け止めて支えながら一緒に困っていることの解決を目指したり，子どもの遊びを温かく見守ったり，保育者が子どもにそう育ってほしいと願う態度で接したりすることが考えられる。

　そうしたことは，誰でもが最初からできることではない。保育者は，保育実践のなかで試行錯誤しながら専門職者として成長していくのである。

　そのため，どのような保育者になればよいのか，保育者のどのような役割をどう果たしていくとよいのかといったことは，職業生活を通して，ずっと探究し続けるテー

マなのである。どうかあせらずに読者のみなさんのペースで，保育についての考えを深めて，自分自身の保育者像，子ども像をつくりあげてほしい。

● 引用文献
1 ）文部科学省（2017）『幼稚園教育要領』，フレーベル館，p.6.
2 ）文部科学省（2017）『幼稚園教育要領』，フレーベル館，p.16.
3 ）文部科学省（2017）『幼稚園教育要領』，フレーベル館，p.16.
4 ）文部科学省（2017）『幼稚園教育要領』，フレーベル館，p.6.
5 ）文部科学省（2018）『幼稚園教育要領解説』，フレーベル館，p.58.
6 ）文部科学省（2018）『幼稚園教育要領解説』，フレーベル館，p.59.
7 ）厚生労働省（2017）『保育所保育指針』，フレーベル館，p.11.
8 ）厚生労働省（2018）『保育所保育指針解説』，フレーベル館，p.62.
9 ）厚生労働省（2017）『保育所保育指針』，フレーベル館，p.11.
10）厚生労働省（2018）『保育所保育指針解説』，フレーベル館，p.70.
11）首藤敏元（2013）「どうとくせい　道徳性　morality」藤永保監修『最新　心理学事典』，平凡社，p.558 -559.
12）首藤敏元（2012）「論説　規範意識の芽生えを培う指導」文部科学省教育課程課・幼児教育課編『初等教育資料』，東洋館出版社，p.86-89.
13）厚生労働省（2017）『保育所保育指針』，フレーベル館，p.13.
14）厚生労働省（2017）『保育所保育指針』，フレーベル館，p.16
15）厚生労働省（2017）『保育所保育指針』，フレーベル館，p.30
16）厚生労働省（2017）『保育所保育指針』，フレーベル館，p.36
17）内閣府（2004）「平成16年版　少子化社会白書（全体版）」．（https://www8.cao.go.jp/shoushi/ shoushika/whitepaper/measures/w-2004/html_h/html/g1110010.html　2023年 2 月28日閲覧）
18）厚生労働省（2020）「令和元年度雇用均等基本調査（事業所調査結果概要）」，p.21.（https://www. mhlw.go.jp/toukei/list/dl/71-r01/03.pdf　2023年 2 月28日閲覧）
19）厚生労働省（2017）「平成28年国民生活基礎調査　結果の概況」，p.15.（https://www.mhlw.go.jp/ toukei/saikin/hw/k-tyosa/k-tyosa16/dl/16.pdf　2023年 2 月28日閲覧）
20）内閣官房孤立対策推進会議（2021）「孤独・孤立対策重点計画（本文編）」，p.2.（https://www.cas. go.jp/jp/seisaku/juten_keikaku/r04/jutenkeikaku_honbun.pdf　2023年 2 月28日閲覧）
21）文部科学省（2018）『幼稚園教育要領解説』，フレーベル館，p.62.
22）文部科学省（2017）『幼稚園教育要領』，フレーベル館，p.7.
23）前田和代編著（2022）『新・保育内容総論』，教育情報出版，p.109.
24）文部科学省総合教育政策局国際教育課（2021）「外国人児童生徒等教育の現状と課題　令和元年度日本語教育大会」，p.2.
25）日本保育学会編（2016）『保育講座 5　保育を支えるネットワーク―支援と連携―』，東京大学出版会，p.225.
26）文部科学省（2017）『幼稚園教育要領』，フレーベル館，p.12.
27）厚生労働省（2017）『保育所保育指針』，フレーベル館，p.9.
28）厚生労働省（2017）「児童発達支援ガイドライン」，pp.8-9.（https://www.mhlw.go.jp/file/06-Seisaku jouhou-12200000-Shakaiengokyokushougaihokenfukushibu/0000171670.pdf　2023年 2 月28日閲覧）

29) 国立特別支援教育総合研究所「特別支援教育法令等データベース」.（http://www.nise.go.jp/　2023
年 2 月28日閲覧）

30) 文部科学省初等中等教育分科会（2012）「共生社会の形成に向けたインクルーシブ教育システム
構築のための特別支援教育の推進（報告）」.

● **参考文献**

・厚生労働省（2018）『保育所保育指針解説』, フレーベル館.

・内閣府・文部科学省・厚生労働省（2018）『幼保連携型認定こども園教育・保育要領解説』, フレー
ベル館.

・文部科学省（2018）『幼稚園教育要領解説』, フレーベル館.

・内閣府男女共同参画局（2020）「男女共同白書（令和 2 年版）」.

・NPO法人子育てひろば全国連絡協議会（2015）「地域子育て支援事業に関するアンケート調査2015」.

・三菱UFJリサーチ＆コンサルティング（2018）「保育所等における外国籍等の子どもの保育に関する
取組事例集」.（https://www.murc.jp/wp-content/uploads/2020/04/koukai_200427_1_3.pdf　2023年 2 月
28日閲覧）

・アントネッロ・ムーラ, 大内進監修, 大内紀彦訳（2022）『イタリアのインクルーシブ教育—障害児
の学校を無くした教育の歴史・課題・理念—』, 明石書店.

・B・バックレイ, 丸野俊一監訳（2006）『 0 歳～ 5 歳児までのコミュニケーションスキルの発達と
診断—子ども・親・専門家をつなぐ—』, 北大路書房.

・本郷一夫編著（2018）『「気になる」子どもの社会性発達の理解と支援—チェックリストを活用し
た保育の支援計画の立案—』, 北大路書房.

・小笠原恵・加藤慎吾（2019）『発達の気になる子の「困った」を「できる」に変えるABAトレーニ
ング』, ナツメ社.

・大石幸二監修, 遠藤愛, 太田研（2018）『配慮を要する子どものための個別の保育・指導計画—カン
ファレンスで深まる・作れる—』, 学苑社.

・坂爪一幸・湯汲英史（2018）『知的障害・発達障害のある人への合理的配慮—自立のためのコミュ
ニケーション支援—』, かもがわ出版.

・田中康雄監修（2016）『発達障害の子どもの心と行動がわかる本（第 2 版）』, 西東社.

・富田朝太郎（2022）『富田分類から学ぶ障害の重い子どもへのコミュニケーション支援—いつでも・
どこでも・誰でも・すぐにできる—』, 学苑社.

・湯汲英史（2015）『 0 歳～ 6 歳子どもの社会性の発達と保育の本』, 学研.

―――――――――――――――‖ 編 著 者 ・ 著 者 紹 介 ‖――――――――――――――

○ 編 著 者 ○

浅井拓久也（あさい・たくや）……………………… ＊第1章，第2章4，6〜7，Column 1
　　　　　●鎌倉女子大学児童学部児童学科准教授

○ 著　 者 ○

小山　玲子（こやま・れいこ）……………………… ＊第2章2〜3，第5章4〜5，Column 2
　　　　　●秋草学園短期大学幼児教育学科准教授

谷口　　聖（たにぐち・ひじり）……………………… ＊第3章，第5章1，Column 3
　　　　　●聖カタリナ大学短期大学部保育学科助教

利根川智子（とねがわ・ともこ）……………………… ＊第2章1，第5章3，Column 5
　　　　　●東京未来大学こども心理学部こども心理学科准教授

関　　維子（せき・ゆいこ）……………………… ＊第5章8
　　　　　●秋草学園短期大学幼児教育学科講師

前田　和代（まえだ・かずよ）……………………… ＊第2章5，第5章2，6〜7
　　　　　●東京家政大学児童学部児童学科准教授

村井千寿子（むらい・ちづこ）……………………… ＊第4章，Column 4
　　　　　●駿河台大学心理学部准教授

●写真提供・資料協力
　第1章　蓮美幼児学園
　第2章　みふみ認定こども園
　第3章　光が丘幼稚園
　第4章　草加市立しのは保育園
　第5章　認定こども園金生幼稚園，杉並区立松ノ木保育園，みふみ認定こども園

乳幼児と人間関係
── 確かな理解を広げ、深める ──

2023年10月6日　初版第1刷発行

編 著 者	浅井拓久也
発 行 者	服部　直人
発 行 所	(株) 萌文書林
	〒113-0021　東京都文京区本駒込6-15-11
	tel：03-3943-0576　　fax：03-3943-0567
	https://www.houbun.com
	info@houbun.com
印刷・製本	モリモト印刷株式会社　　　　　　　　　　　〈検印省略〉

装幀・レイアウト／冨田由比　　イラストレーター／鳥取秀子　　DTP制作／坂本芳子